달과 통신하다

국립중앙도서관 출판예정도서목록(CIP)

달과 통신하다 : 이원희 시집 / 지은이: 이원희. -- 대전 :
지혜, 2015
p. ; cm. -- (지혜사랑 ; 137)

ISBN 979-11-5728-164-0 03810 : ₩9000

한국 현대시[韓國現代詩]

811.7-KDC6
895.715-DDC23 CIP2015031016

지혜사랑 137

달과 통신하다

이원희

지혜

시인의 말

부딪치고 부딪쳤던 생의
멍든 은유와 어디론가 흘러가려는 문장들을
붙잡아 엮어놓으니 회한뿐이로구나
홀연히 살아나는 속울음아 도지는 슬픔아

2015년 가을
이원희

차례

1부

2부

3부

4부

• 일러두기

한 연이 첫 번째 행에서 시작될 때는 > 로 표시합니다.

1부

몇 리터 넣어드릴까요

따듯한 에너지 넣으실래요 은사시나무에 내리는 햇살 같은

미소의 둥근 맛, 바람의 민첩한 관심, 꿀의 달콤한 끈적임, 달빛의 짙은 농도, 풀의 흔들림에도 떠오르는 얼굴, 비에 감전된 목소리, 분절된 소망, 서녘노을에 얹히는 눈물
이 땅의 온갖 언표들, 깊이 끌어안은 상처도 함께 버무려 발효시킨 영혼을 움직이는 에너지, 넣으실래요

마주칠 때마다 마음 밑바닥에 돋는 노란 기운은, 작은 기포로 한 방울 한 방울 떠올라 우주를 통과하는 몇 번의 눈빛에 기류 뒤섞이고, 서로의 가슴을 산비둘기 울음으로 건너다니다 끝내 소리를 내지르며 끓는, 거센 폭풍우였다가 나비 날개짓의 미풍으로 왼쪽 가슴을 펌프질하는 에너지, 넣으실래요

심장엔진의 리듬을 따라 가득 퍼진 몸 안 욕망은, 방사능의 힘으로 핵화되어 모터를 가동, 끊임없이 자기복제하며 세상을 지속적으로 움직이는 다솜 가솔린
보라, 별을 달고 논둑을 날아다니는 반딧불이, 짝을 짓는 울음이 밤을 덮는 맹꽁이 개구리들, 햇살을 끌어당기는 공정단계의 생강나무 노란 심장소리

몇 리터 넣어드릴까요

연료 연구

언젠가 우리가 바람, 파도, 밀물과 썰물, 중력을 정복한 이후 우리는 사랑의 에너지를 이용하게 될 것이다. 그때 인류 역사상 두 번째로 인간은 불을 발견하게 될 것이다.

— 테이아르 드 샤르뎅

의식의 너듬이를 세워 별의 소리를 수신하는 밤
당신의 눈빛 같은, 전류가 흐르는 은하
은하의 윤슬을 바라보면 온화한 기분이 든다
생애에 원동력을 만들어주는 이 따듯함의 성분은 무엇일까
생각의 깊이로도 알 수 없었던 신비의
내면을 한 단락 내보이는 별 활자판 이야기책의 우주
우주의 저 너머에서 보면
당신과 나는 소립자에 불과하지요
전자가 원자핵 주위를 돌듯
당신의 눈빛을 중심으로 돌고 있어요
햇살을 받은 렌즈처럼 몸을 통과하는 눈빛은
마른풀 마음 심지에 불을 붙이네요
애타며 불타며 에너지가 들끓는
격정을 여자勵磁된 몸에 충전하고 있어요
충전된 몸의 콘덴서에 플러그를 꽂아
찻물을 끓이고 오디오에 전원을 넣어 음악을 하지요
태양을 받아 전기를 만드는 방식으로

가을을 충전하고 있어요
고요를 가르는 귀뚜라미 울음으로 차오르는 적요
다정한 말씨의 달빛, 까치밥 몇 알 올려다 보는 감빛
마음에 전류가 흐르네요 몸의 전지가 충만해져요

달과 통신하다

창밖을 보고 있으면
모니터 화면을 보고 있는 듯 나는 밖에 있고
저녁이 창문 넓이만큼의 공간에서 움직이고 있다
낮과 밤의 경계를 창백한 얼굴로 서성거리던 달
23시 창안으로 눈길을 준다 벤자민 잎을 빛내며
거실 깊숙한 지점을 통과하는 저
빛의 입자에 실어 보내는 파동, 달과 접속한
그대 마음의 울림일까 창문을 열어 로그인한다
무수히 쏟아져 내리는 문자들
구름이 지나가는 소리였다가 낙엽을 태우는 냄새였다가
세상 일을 다 아는 사람의 얼굴 표정 같은
묘한 슬픔을 화면에 주사하는 이 편지를
오도송 같은 이 빛을 어떻게 읽어야 할까
주파수를 맞추며 암호를 푸는 동안
손등을 어루만지며 몸 안으로 들어오는 달
몸속 미세한 광케이블을 따라
허브 잎을 입안에 넣은 것처럼
온몸으로 퍼져 우주 밖으로 빨려간다

카탈로그 2050

달에 첫발을 디딘 닐 암스트롱의 심정은
바람을 타며 활공하는 매의 기분이었을까
깨달음의 경지에 선다는 것은
줄기세포로 백 마흔 여섯 살이 된다는 것은
스티브 호킹의 DNA를 복사해 내 몸에 덧씌우면
생각이 빛줄기처럼 별과 별 사이를 오고 갈 수 있을까

생의 비밀이 나선형 곡선으로 그려있는 사이언스 북
읽고 있던 문자들, 지면을 걸어 나와 상상력과 접속한다

카탈로그를 보시고 원하는 상품을 선택하세요 기계가 씌워지고 잠깐 잠이 들면 DNA 복제 프로그램이 입력됩니다 부작용은 없습니다 새옷을 입듯 몸에 다른 정신을 입력할 뿐이지요

자! 눈을 떠 보세요 당신은 아인쉬타인. 또 다른 당신입니다

어느 영화처럼 2050년의 신기술은
내 몸에 다른 정신을 덧씌워 새로운 나를 만들어 줄까
저녁을 담았던 유리창이 낯익은 듯 낯설은 나를 비춘다
나를 버리고 또다른 나에게로 달려가도
덧칠하면 할수록 붓자국 투박해지고
습기에 젖어 찢어지는 수채화 같던 시간 속

>

좌표를 잃어버린 우주선으로 상상 속을 날아다니던 그때
전화벨 소리에 상념이 급정거한다
일상으로 회항하는 유리창엔 어느새
궁금했던 생의 비의秘意, 그 오묘한 정체가
몇 개의 별로 정박해 있다

빗방울 타이핑

새벽녘 머리맡을 두드리는 소리
불면의 얕은 잠을 파고든다
아리게 박히는 비의 타이핑
소리는 자기만의 파동으로
저쪽, 그리움으로 밀고간다

1

컴퓨터는 외로움이다 외로움이 전원을 누른다 슬픔의 전류 온몸을 돌아 얼굴 밝아지는 모니터, 전류는 내 몸으로도 흘러 투둑 투둑 손은 빗방울이 된다 너의 이름의 젖은 철자, 순간, 텔레포테이션*이 이루어진 듯 그리움으로부터 걸어 나온 사람의 표정과 음성과 잡을 수 없었던 시선이 내 앞에 선다 얼굴이 몸이 만져지는, 만져지지 않는 이미지는 스쳐지나가는 그림자같이, 읽고 난 후 내일을 다운로드 받지 못한 채 미세한 입자로 날아가 구름이 된다

2

물질은 고무줄 같은 끈으로 이루어져 어떻게 진동하느냐에 따라 다양한 입자로 나타난다**고 한다

내 몸 안의 끝없는 진동, 달려가 볼까 기다려 볼까 수없는 파도로 일어섰다 가라앉으며 진동하는 마음은, 갈등의 다양한

입자로 비 냄새 비릿한 공간 속을 떠다닌다

더욱 빠르게 빗방울 타이핑 한다
쏟아져 내리는 조합되지 못한 문자들
바닥에 부딪치며 튀어 오르는 열망들을 억누르며
주전자에 빗방울을 붓고 찻물을 끓인다

* 텔레포테이션 : 팩스의 원리와 같이 물체를 읽어 멀리 떨어진 곳으로 공간 이동시키는 기술.
** 초끈 이론 : 우주를 구성하는 최소단위를 점이 아닌 끊임없이 진동하는 끈으로 보고 우주와 자연의 궁극적인 원리를 밝히려는 이론.

허기진 미학적 거리

서정동 간이역에 고슴도치 생각이 웅크리고 있다
레일을 따라 멀리 두는 눈길과 마주치는
끝의 헛것, 그곳에 이를 이 길

다가올 몇 킬로미터의 상처를 치유할 수 있는 몇 미터의 슬픔
추억에 찔려 아픈 몸의 통각은
발을 내딛기도 전에 끝을 계산한다
끌어당기던 눈빛도 마음을 둥그리던 목소리도
시간은 바싹 말려 가시로 만들었지
몸의 가시는
관심은 간섭으로 간섭은 관습으로 아린자리에 상처를 내는
가까이 할수록 멀어진 거리 멀어질수록 더욱 멀어지는 거리

얼마만큼의 거리여야 할까

X자처럼 교차한 후 다시 멀어지는 길이 아닌
1.435*미터 거리만큼 평행하다
소실점을 향해 두 길이 하나 되는 길
너와 닿지 않을 거리를 유지하는 것이 진정 아름답다는
오랜 생각의 바퀴를 굴려 구한 답, 허.기.진.다
곳날 시큰거리는 냉기가 플랫폼을 맴돌자 생각의 깊이를
가로지르는 싸락눈, 바람과 함께 문득 고요해지면

쓸쓸함은 바람 언저리에 서는데

자디잔 슬픔의 자갈 위
가로 받쳐 두 길 이어주는 침목
그 위에 기차의 맥이 철컹 철커덩 뛴다

* 1,435m : 철로와 철로 사이의 거리.

달, 쥘부채

당신처럼, 나를 길들이는지 실타래 산길은 왼쪽으로 감았다 풀고 다시 오른쪽으로 감으며 밤하늘로 이끈다 별마로 천문대, 하늘 높이 지어놓고 은하수 포획할 그물을 던지는 사람, 누굴까 그도 누군가에게 달을 따다주고 싶었나 보다 손끝에 닿을 듯 말 듯 걸려 있는

당신, 마음을 접는군요 어이하여 세상 모든 것들은 피었다 지는 꽃인지 달빛 사라진 어둠속 적막으로 변주되는 달맞이꽃에 가늠해보아도 그것도 아닌, 헤아리는 저의에 어둠이 잠기고 내가 어둠으로 스며들쯤 홀연히 다시 펼치는

운명처럼, 접었다 펼쳤다 달빛에 걸려 넘어진 생애가 개기월식 때문만은 아니게 어떤 사상처럼 자아내는 미묘함과 검고 푸른 여명과 어느새 동쪽 하늘 불사르는 태양과 내가 하나 되어 이 땅의 율법을 초월한 듯한데, 동강줄기를 따라 물안개 피었다 지는 저 치명적 풍경은 아직 길들일 것이 남아 있다는 것인가

허무의 운행

태양은 뜨지 않는다
지구가 내가 돌고 있는 것이다*
당신을 향해 23.5° 기울어 돌며
시속 십만칠천백육십 킬로미터**로 달려가도
가까워지지 않는 거리
우두커니 선생님 같은 얼굴로 바라만 보고 있나
우수 경칩을 지나온 오늘
따사로운 시선이 닿는 곳마다
땅에 납작 업드려 겨울을 나던 풀잎들이 일어선다
햇살을 따라 마음 잎을 세워보지만
꽃샘바람 때문만은 아니게 햇살이 춥게 느껴지는 건
좁혀지지 않는 거리 때문일까
춘분도 청명도 그리고 사랑도 지나갈 것이다
산수유도 벚나무도 꽃을 피우다 지나갈 것이다
지나갈 것을 알면서도 이 허무의 궤도를
오늘도 나는 돌고 있다

* 해가 뜨는 것은 지구의 자전 때문이다.
** 시속 107,160 Km : 지구의 공전 속도.

Rewind

머릿속이 하얗다 잠은 눈을 감기지 못한다 천장의 무늬를 맞춘다 어긋난 무늬에 마음이 멈춘다 휘어지며 3시의 창을 지나가는 헤드라이트 불빛을 따라

시간을 되감는다

젖었던. 바닥이. 희끗. 말라간다.
빗방울이. 떨어졌던. 하늘로. 오른다.
마음에. 찢어진. 바람이. 불어간다.
비릿한 냄새. 낭자한 사위에. 흥건해진다. 붉은 노을.
말言도. 날이 부러지는. 상처를 입는다.
통증이. 홰를. 친다.
입안의 칼이. 폐부를 찌른다. 차갑고 날카로운.

어떤 배려를 놓친 걸까
어제의 습관과 부주의들이 번쩍번쩍 지나가는 순간
의 프레임을 잘라 시간을 편집한다 하. 고. 싶. 다.

언어의 칼날이 관통한 부위로 한낮 태양빛을 받아 키웠던 몸속 푸른 나무가 살을 허물며 빠져 나간다 그 자리에 상심은 석순으로 자라 몸은 돌이 된다 한없이 깊어지는 생각의 우물, 무겁게 떨어져도 오래도록 바닥에 닿지 않는다 머릿속이 하얗다

나노 기술*로 마음을

마음 분자를
10억분의 1로 부수고 부수어
보여드린다면 이 심정 아실까요

우주가 해체되던 날
뇌가 손상되고 만 그날도 비가 내리고 있었지요
깊이 찌르는 그 감당 못할 말에
무뇌아 되어 어둠에 붙박혔어요

생각했어야만 했고 했어야 했던 것들
되짚어보고 되짚어보는 마음 속 위안이란
세상에 입 다물어 상처 딱지처럼
나를 밀봉해 버리는 것
고치 속에 웅크리고 누워
너라는 단 하나의 생각만으로
날이 저물고 또 날이 저물어

고르디우스 매듭**처럼 끊어버렸던
그러나 한결같이 되살아나는
보고 싶다는, 마음 저층의 내가 읽힌다는 것

나노 기술은

어긋난 마음 이어줄까요
우주로 이르는 통로 열릴까요

* 나노 기술 : 머리카락 굵기의 10만분의 1에 해당되는 나노미터(10^{-9}) 물질이 갖는 독특한 성질과 현상을 이용한 기술.

** 고르디우스의 매듭 : 고르디우스 전차에 복잡하게 묶여있는 매듭을 푸는 자가 아시아를 정복한다 하니 알렉산드로스 대왕이 단번에 칼로 끊어버렸다. 흔히 어려운 문제를 말한다.

몸살

이쯤에서 항체가 생길만도 한데

날개 없이 둥둥 떠다니다
이내 땅속으로 가라앉는 밤
창을 비껴들어오는 달빛이 무겁다
벽에 그리는 달무늬 위로 하얗게 번지는,
다시 일어서려는 마음의 섬모들

강물 밑바닥 돌멩이 같이

내 몸의 정전

도화선에 불씨가 당겨지며 터지는 소릿보
깨버려, 쾅-
하늘에 금이 번지고 천둥이 울립니다
아프락사스 당신, 당신이 보내는 신호에
내 몸의 조명이 켜집니다
앞마당의 옥잠화 생기 잃은 얼굴을 들키고
다치지 않으려 익숙한 습성을 굴리며
알처럼 칩거 중인 시간을 비춥니다
깨야 한다고 날아야 한다고
구름을 모으고 천둥을 번개에 묶어 내리칩니다
하늘 필라멘트에 불이 번쩍 들어오고
그 빛에 질끈 눈을 감아버립니다
소릿결 갈아 앉은 적요의 틈새를 뚫고
말초신경이 일어서는 어둠 속
구름 알갱이 둥글게 몸을 말아 떨어져도
망울을 풀지 않던 빗방울 바닥에 부딪쳐서야
깨지며 다른 모습으로 흘러갑니다
길들이 갈증을 풀기 시작하고

가릉빈가*

새의 문장들 부재중이다
시의 행간을 날지 못한 말들의 소요
푸드득 날개 치는 소리만 시끄럽다
깃을 쳐 전기불꽃을 일으키며 날아올라
구름실나래를 풀며 춤추는 바람, 바람을 타며 바람이 되는 일
나는 아직 시간의 그림자에 앉아 하늘을 짐작하는 새
어휘들 하늘에 엄두를 내지 못한 채
몇 개의 넋두리로 풀어지는 밤이면
가릉빈가, 천경을 날아와 꿈속에 내려앉는다

함축된 의미의 태양을 향해 날개짓한다
햇살과 맞닿아 빛이 눈에 가득하나
눈부심은 오히려 어둠이라 어둠의 새다
구름 그늘이 바위에 내려앉는다
바위라고 생각했던 것들이 구름일지도 모를 일
바위 속 제 몸을 비운 곳, 그곳에서 채움을 기다리던 구름
어둠의 결을 뚫고 솟구치는 구름 심장소리
바위의 고동소리 詩語의 물방울 구르는 소리
차고 맑은 음색으로 일깨워 가슴에 무늬를 만드는,

음악이 되지 못한 내 안의 은유들
수없는 어둠을 돌아 목마름쯤

캄캄한 문장들에 가릉빈가 날개를 달아본다

* 가릉빈가 : 사람의 머리에 새의 몸을 한 상상의 새로, 아름다운 깃털과 맑은 소리로 시인처럼 사람을 감화시킨다.

푸른 음악

어느 정점으로 수렴하고 있다 5월

생강나무 꽃망울 터트린 산등성이
중仲 임林 남南 무無 황潢 태汰* 푸른 음률을 높이고 있다
시간의 걸음마다 짙어지는 빛의 선율, 綠音
스며들어 고요히 치오르는 슬픔
슬픔 속에 환희가 숨어 있었나
푸른 도취가 일어선다

떡갈나무 잎으로 발음하는 바람소리
한 음 높은 솔잎의 음색
중氵仲 음으로 끼얹는 숲의 내음새
소쩍새의 하늘
청명해지는 산등성이에
또 한 소절의 화음이 불어간다

잎이기 전에 저 푸른 것들은 깃발이었나 보다
지난 밤 내린 빗소리를 머금고
둑 터진 방죽으로 밀려오는 초록 결기 위에
마음을 올려놓고 같은 주파수로 공명하면
내 정신의 정점도
신갈나무 푸르름에 다다를 수 있을까

* 우리나라 12음계로 황종, 대려, 태주, 협종, 고선, 중려, 유빈, 임종, 이칙, 남려, 무역, 응종이다. 기보법에 표기할 때는 머리글자만 따서 황, 대, 태 등으로 사용하며 한 옥타브 위 음은 앞에 물수 변(氵)을 붙인다.

신산한 각도 42°

허공의 입구에 실마리를 걸어놓는다
햇살과 구름기둥에 일곱 줄을 매어놓고
프리즘으로 실어 보내는 저 정령
실낱같은 단서를 통해 풀리는 오해같은
신산한 의미를 걸어두고 있다

42° 혹은 51°* 빛의 굴절 그리고 반사
물방울 생의 저 안
어김없이 만나던 애愛와 증憎, 희비喜悲의 모퉁이마다
허리 꺾어야 했던 고비의 길들
세상 모든 것들은 제 안의 길을 굽혀야 무지개 뜨는 걸까
몸 틀은 등나무 보라꽃이 비에 젖어 새롭다

비는 컴컴했던 오후를 쓸어 우산 속에 접히고
구름 틈에 끼었던 햇살이 눈부시다
살아간다는 것은 한 가지 색이 아닌
다양한 빛의 혼융임을 얼핏 보여주는
저 햇살 속에 숨어있는 빨주노초파남보

젖은 몸 말리고 돌아오는 해거름녘
길모퉁이 볼록거울
몸 구부려 저쪽 길을 비추고 있다

* 무지개는 시반경視伴經 약 42°로 햇빛이 공기 중 물방울에 반사 · 굴절되어 나타난다.
쌍무지개는 약 51°로 물방울 안에서 빛이 두 번 굴절 · 반사 되어 만들어진다.

環

1
소멸 저쪽, 별똥별 꼬리에 소원 하나 매달며
은하수 너머의 별을 생각한다
숯이 된 몸에 불을 놓는 별
불티 날리며 자신을 사르다 재로
우주를 떠돌이 수소구름으로 구름딩이리
빅뱅으로 다시 별이 되었음을 생각한다
얇은 달빛을 밟고 서있는 굴참나무도
우주를 비행하던 먼지 속 미생물의 포자였음을
지구별에 씨 뿌려져 물과 공기로 길러졌음을 생각한다
소쩍새 울음으로 떠오르는 이름 하나
오래전 생멸을 거듭하던 별이였음을

2
4월의 가지에 싹트는 잎들은
내 가슴에 촘촘히 박히는 너의 눈빛
다시 돌아와 다른 사람의 얼굴로 다른 사람의
이름을 쓰고 있는 잊고 있었던 분실물
우리는 강가의 나무로 서서
바람결에 전하는 말 알아듣고
그 속삭임에 잎사귀들 떨곤했지
기억하겠니

마음 두는 곳에 몸은 가는 것
지금 함께 할 수 없어도 같은 생각을 하고 있다면
시간은 흘러 별똥별을 바라보던 강가의 언덕에 있지

뭿등마다 너의 눈길 같은 순한 초록 기운 퍼지는 저기

觀

1

파르테논 신전 흐린 하늘에서 오래된 지혜를 내려다본다 아테네 아고라 옛 시간 속, 생각에 잠긴 얼굴로 걸어가는 사람들, 올리브 나무 아래 논쟁하는 사람들, 인파 속으로 들어가 질문에 질문을 더하는 소크라테스 대화에 귀 기울인다 무리들 속 반짝이는 젊은 플라톤이 보인다 보다 알다라는 뜻에서 비롯되었다는 이데아, 매양 보던 것이 다르게 보이던 순간이 있었다

2

갈대숲 떨림을 본다
쓰다듬는 잎의 바람에 붉은머리오목눈이
소요스레 술렁이는 가을풀 근처
그림자 길가에 생각을 내려놓는다
내가 매양 본 것은 그림자였나보다
직시 못해 그르치고 놓친 생각에 슬픔이 도지는
어둔 하늘에 알듯말듯 미묘한 표정의 달, 저 觀世音
귀로 듣는 소리의 영역을 넘어
깊은 성정까지 바라본다는 觀音
본다는 것은 보듬어 주는 일인가 보다
바라보기만 했을 뿐인데 아스라이
달빛 품에 안겨 달이 된다

觀音

전화선을 타고 오는 목소리엔 바람이 들어있다
벼랑길 외벽을 지나는 음색과
창백한 숨소리에 묻어있는 소리 없는 절규와
침묵으로도 안을 수 없는 속울음 한 가닥을 본다

舞林熱戰

사사삭 사사삭 어디서 날 벼리는 소리
날선 기운에 하늘 쓰윽 베여 붉게 노을 번진다
사사삭 사사삭 백발이 성성해지도록
바람에 취모검*을 갈고 있는 억새풀
파랑지고 파랑지던 생의 곡선 울컥
한쪽으로 밀리며 비애의 끄트머리에 닿으려는 찰나
몸을 일으켜 세우는 곡즉전曲則全**을 익힌 고수다

수풀 속 날개에 바람을 접어놓은 흰뺨검둥오리
날아오르며 출사표를 던지는 강호江湖에
물풀의 고요가 찰랑 휘어지다 돌아온다
초생의 검을 휘둘러 시나브로 두터워지는 어둠
산산이 조각내며 달빛가루 뿌리는 풍경 속에
한판 승부를 겨루는 만파식적 풀벌레들
순식간에 적막을 헤치우며 고수 반열에 오른다

어둠의 마지막 음절쯤 푸르게 닿는 새벽
뒤늦게 나타나 표창을 던지는 샛별
어둔 가슴에 박혀 굴곡진 무늬 드러내고
곡절 어디쯤 저며내며 상처를 내는 내 무딘 취모검
아린 마음이 걷고 걷는 달빛 저무는 강가
억새잎 벼린 칼끝에 사사삭 바람이 잘려나간다

* 취모검吹毛劍 : 날 위에 머리카락을 얹고 입김을 불어 자른다는 예리한 검으로, 번뇌를 끊는 지혜의 지검을 말한다.
** 곡즉전曲則全 : 굽어야 온전하다는 도덕경에 나오는 노자의 말씀.

응결의 시간

떠남은 되돌아올 날개를 가졌으므로, 냇물은 바다로 흐르지 않았다 호수에 머물러 거슬러 오르던 연어, 햇살에 되오던 철새를 추억한다

그대 머물다 떠난 청명한 자리, 미처 돌아오지 않은 마음에 중심을 옮기고 돌고 돌아, 맴돈다는 것을 잊고 돌아도 다슬기 나선처럼 결코 중심에 다다르지 못할 허튼 시간 속, 담가둔 별빛만 아리다

풍경들 또 다른 계절로 돌아오기 위해 사라진 소한 무렵, 기다림의 언저리쯤 살얼음이 핀다 응어리 고요히 응결되는 몸속 파문마저 얼음에 갇히자 비로소 뼈를 드러내는 고독, 서슬처럼 사슬이 깊다

자신을 옭아매고 있는 것이 무엇인지 모른 채 잠시 풀린 햇살에 쩡쩡 금을 그어 슬픈 무늬를 만든다 흐린 하늘을 날아가는 흰뺨검둥오리 어디로 가는 것일까 별이 빛나는 소리로 울던 풀벌레들은 어디로 간 것일까 결빙 위에 눈 쌓이는 저녁, 잎을 벗은 상수리나무도 떠나버린 새 둥지를 끌어안고 서 있다

2부

조팝나무에 청진기를 대다

죽은 듯이

잎눈을 감추고 한겨울을 통과한 나무들 어제 내린 빗방울 소리를 빨아들이고 있다고, 오늘은 예의 그 소리를 퍼 올리고 있다고 가느다란 조팝나무가지에 청진기를 댄다

미명에 빛살 퍼지는 소리 딱새 꽁지깃 까닥이는 소리 부연 끝 고드름 적막을 깨우는 소리 물방울 올이 풀리는 소리, 온몸에 물 젖은 전류가 흘렀다 감전된 심박의 음결 심벽을 울리고, 귀의 아가미를 한껏 벌려 숨질하면, 강기슭 달빛 찰랑이는 소리 불 지피는 소리 건초더미의 불씨처럼 불꽃은 보이지 않으며 속으로 속으로 타들어가는, 타다가 큰 불꽃이 일듯 햇빛 쏟아지면 몸 밖으로 폭발할 소리 들렸다

물을 끌어올려 제 몸에 불을 지피는 저 격정의 탄주, 봄의 정수리로 치솟는 푸른 도약들, 내가 물의 심장으로 뛰고 수액으로 흐르면 오월쯤 살구나무에 이르러 열락으로 피어날 수 있을까 청진기를 통해 흘러나오는 숨소리는 열망이 되었다 말랐던 가지 새 힘을 얻는 우주율에 마음 붙들리고 선 오후, 정갈히 소리귀를 세우고 있다

숲에 대한 변증법적 고찰

숲은 이견異見으로 가득하다
바늘잎 날을 세워 청정을 지키는 소나무, 흐드러지게 푸른 잎 피우는 떡갈나무, 구부릴 줄 모르고 위를 지향하는 대나무, 하심下心으로 몸을 낮춘 작은 풀들, 서로 다른 것들이 다름을 유지하면서 그 다름 속에서 서로를 조영하는 숲, 풀잎에 스치는 바람 그 끝에 묻어나는 숲의 향기, 삼성을 흔들며 우수의 소리를 적요로 바꾸는 푸나무 서리에 소쩍새 울음 몇 풀어 놓으며 화음되고 있다

도시는 이견異見으로 가득하다
이것은 이렇다 하는 사람 그것은 그렇지 않다 하는 사람 다양한 관점과 다양한 견해로 갑론을박 거듭하고 있는 다르지 않은 다른 모습들, 신새벽 안개 속에서 피어나는 풀냄새, 신선한 세계관처럼 감정을 흔들며 갈림길 드러내는 조릿대 숲, 서로 다른 길로 오르지만 어느 결에 만나는 산 정상처럼 다름의 가치를 아름답게 하면서 너와 나 화음될 수는 없나 화음될 수는 없나

동백

#1

어룽비친 동백꽃 그림자 조용한 달밤에 있다 동토의 실뿌리 빙점의 물 끌어올리듯 수액으로 서성이는 또 한 그림자, 결단처럼 멈춰선다

-나의 길 또한 동백의 길이로구나

정적과 격정의 틈에서 뼈처럼 희어진 달빛, 까치 울음 하늘에 박혀 파르르 떤다

#2

빛 파동에 밀리는 세상의 그늘빛, 다시 처음처럼 찾아온 새벽빛, 그 빛에 꽃잎을 여는 비밀을 아는 듯 반쯤 감은 눈, 우수를 걸어놓은 눈썹, 짧게 미동한다

-나를 죽여 존재의 법을 알리리라

굳게 다물은 입술, 내밀은 머리 하늘로 올곧다 번득이는 칼날이 목덜미를 스치자 꽃송이 툭, 목을 떨구는 순간 태양이 이탈되며 신이神異한 일이 하늘 높이 솟구친다

#3

미소 머금은 불상들을 지나 이차돈 순교비와 만난다 돌 속에 들어간 이야기 천년 풍화로 삭아도 남은 흔적, 돌의 심장이 붉게 뛴다 올 봄에도 꽃피울 당신, 혹한의 동백나무가 물을, 햇살을 찾고 있을 생각을 하면 나는 간절히 햇살이, 물이 되고 싶어집니다

노랑어리연꽃

연못 속 적막을 가르며 피는 선화륜旋火輪*, 떨림이 환하다 신열로 불을 밝힌 몸속에 얼마나 많은 눈물 고여 있었을까 명치끝 눅진한 슬픔 밀어 올리는 젖은 자리에 핀 아픈 삭신의 어머니

바람결 속 노랑어리연꽃
불씨를 옮겨와 돌확에 띄워놓고
물을 갈아주고 갈아주었건만
뿌리내리지 못한 채 사그러들고

깨끗함만도 아니라던 어머니의 말씀은 가슴에 스미지 못하고 연잎의 이슬로 구르다 청개구리 유희에 흩어져요 바람이 숨소리를 멈춰 맑게 닦는 수면, 수면을 들여다보면 저녁은 왜 이리 고요해지는지요

다시 안고 온 노란 고요
진흙 속에 모셔놓고
데면데면 무심으로 바라보았건만
그믐달처럼 소리 없이 결삭아 버렸네

어머니, 진흙탕만도 아니게 그 속으로 신선한 물 흘러야 한다던 말씀의 뼈, 만져지지 않았어요 이제야 비로소 눈 밝아져

요 습기 차고 축축했던 오랜 나날들, 슬픔은 아직 꽃이 되지 못했지만

* 선화륜旋火輪 : 횃불이나 불통을 들고 재빨리 돌릴 때 생기는 불의 둥근 원으로, 형체가 있는 것처럼 보이지만 그 실체가 없음을 비유한다. 노랑어리연꽃은 둥근 불꽃처럼 보인다.

젖은 결의

딱따구리 하늘 뚫은 구멍 사이로 해가 뜬다
햇살에 놀란 날개짓에 이슬 떨어지는 산길
무늬가 움틀한다 놀라 딛으려던 발을 든다
첫 젖은 비행 내려놓고 힘겨움 내쉬는 네발나비
달빛유리 산산날까 날개를 집어
새순 위에 올려놓는다

실을 토해 스스로 몸을 감았을 때
올가미를 온몸에 걸치고 웅크린 채 꿈을 품었을 때
하늘에 길을 내려는 일념, 일념만으로 고치벽을 부셨을 때
중력을 이겨내고 허공에 발 찍던,
과녁조차 자유로웠던 그때를
경배해야지 날개짓으로

나비에게 건넨 말
돌아와 코르르 코콕 나를 쪼아댄다
마음을 다지며 돌아내려오는 길
연록의 그늘 속 나무의 어깨 위
나비는 간 곳이 없다

아, 은방울꽃

숲의 푸른 그늘이 맑은 연못되어
바람물결에 나무 그림자들 헤엄친다
그 움직임을 쫓다가 시선이 멈춘 곳
풀들의 입구를 헤집자
아, 은방울꽃
하얀 음표를 올랑올랑 매달고
그늘진 자리에 피어있다
숲의 은벽한 곳에서 만났을 뿐인데
오래된 나와 마주한 듯
회상의 등불 밝히는 5월 한나절
아무도 모르는 사이 또 한 생이 저버릴까
터질 듯 터질 듯 기어이 터트리는 봉해두었던 슬픔
몇 번을 더 지고 피어야 단단한 자리에 꽃 필까
세상 중심 밖, 피어있고 피어야 하는 부단한 신열 속에서
푸른 잎 발돋움하며 흰빛을 입은 소리로
숲의 한 귀퉁이를 맑게 울리고 있다

안녕, 알감자

저 고요의 안쪽이 궁금하다

땅내 맡으며 흙살의 무게 이겨내고 밀어 올린 순
비 끝에 줄기는 굵어지고 잎은 짙어져
꽃을 피우니 감자 냄새가 나는 것 같다
고랑의 흙이 부풀어 오르는 저녁
궁금해서
밭두둑 한쪽을 조심스레 파본다

뿌리의 어둠까지 끌어당긴
햇살의 몸이 옹글게 맺혀있다
바람과 구름의 알이 안녕안녕 달려있다
알뿌리 몇이서 가슴 치미는 환희
슬쩍 웃어주곤 얼른 흙을 덮는다

끝이 닳아 빛나는 삽날로
묵은 마음밭 고랑을 간다
늦은 감자를 심는다
하늘과 새들을 안아들여
어둠의 뿌리를 환한 질량으로 바꾼다
가슴이 부풀어 오른다
두둑해진다 오늘 더 튼실해진다

회화나무

봄이 와도 꽃 피지 않았다

햇살 끌어모아 새순 틔우고
빗방울이 숨겨놓은 초록에 푸르러지는 4월
앞 다투어 꽃망울 터트리는 소란에
마음 없는 듯 혼자만이 앙상하게 서 있다
푸른 기척을 살피고 오월의 예감을 살펴도
눈감고 잎 열지 않았다

태양이 붉게 뛰는 심장의 빛살을 내리꽂는다
수백광년 내려 왔을 저 인연, 여과시킨 몸
정점에 이르러서야 잎을 틔우고
어엿이 푸르러지는 한여름
정수리 빛을 받아 꽃을 피우며
청량한 청색 그늘을 친다 회화나무

능소화

담장 안 밖을 끌고 당겨 하나의 풍경을 만드는 능소화
금간 담장에 걸터앉아 갈라진 틈을 봉합하고 있다
한때 저 담장의 몸이었던 적 있었다
삶과 소통하지 못하고 벽으로 서서
근심으로 금 그어지던 몸
견딘 것들과 견뎌야할 것들 사이
살아온 방식과 살아갈 방식 사이
바람직한 세계와 나 사이
느끼지 못한 틈새의 거리지만 비애 쪽으로 넘어지다
간절함으로 곧추세우며 놓았다 붙잡은
생사生死 거리만큼의 틈으로 금 그어졌다
나를 꿈꾸게 하는 것은 저 꽃이었다
어슬녘에 걸터앉아 한 송이 피워 열 송이 피워
수백 송이로 담장과 하나되어 경계를 지우는 능소화
구름도 연연하던 시간을 포용하며
풍경을 아우르고 있다

벼꽃

거칠게 써레질을 한 논에
벼 포기 포기 사이에 비친 하늘
바라보며 꿈을 키워요

초록 윤기 흐르는 잎을 키운 건
따뜻한 햇살만은 아니지요
논바닥이 갈라지는 가뭄에 뿌리를 깊게 하고
바람은 단단하라 다그쳤죠
비가 오면 개구리 울음소리 들으며 물꼬
보러 오시는 발자국 소리에 키를 키웠죠

장마의 긴 울음이 여름을 지나가고
성마르게 내리 쬐는 햇살, 정수리에 머물자
배꼽 밑에서 솟아오르는
벼 이삭의 작고 길쭉한 주머니에 몸을 가둔 시간
밥 냄새로 기별하며 하얀 벼꽃이 펴도
아직 아니에요

풀벌레들이 뒷다리를 문지르는 소리가
알곡으로 영글게 하네요
서녘하늘에 화톳불을 피우는 저녁
벼잎, 뜻을 칼처럼 세우고 고개 숙인 나를

이제 베어가세요

나는 당신의 이밥

은행나무로 서 있다

— 언제 꽃을 피웠을까
꽃을 본적 없는데 송올송올 열매 맺은 은행나무

아무것도 바라지 않으며 바라만 보는 나무
그 눈길과 조응하는 길 건너 또 한 그루
갈애의 가슴에 까치 울음 메마르다

미처 알아채지 못한 채 햇살 내린 자리마다
불에 데인 듯 움이 부풀어 오르고
푸른 잎으로 푸르러지는 날

다정하게 전화를 하며 거리가 좁혀지기를
꿈꾸는 봄빛 속에 심중에 있는 말
몇 잎 초록언어로 신호를 보내는 반짝임이 가냘프다

다가가리라 다가오리라 가지 뻗던 존재의 슬픔
순응하며 순애하던 갈망의 행로가 그만 휘어져서
은행나무 에돌던 바람을 부른다

바람을 빌어 숨어드는 씨알
바람을 안았을 뿐인데 명치 아래 핵으로 박히는 응시
응어리 씨앗으로 맺히는 비릿한 비애의 냄새

가슴앓이로 몰래 익어가는 열매

늦가을 저물어오는 햇빛 발소리에 놀라
투두 떨어트린다

생태 토정비결

-자본의 안개에 빛이 가렸으나 갈망에 밝은 빛을 보겠다-

밤하늘에 그리운 얼굴 헤아리던 별과 맑은 물에서 노닐던 물고기들이 백과사전 속에서만 헤엄치는 오늘, 야광스티커 별자리로 별을 헤아린다 (야광별 하나 슬픔, 야광별 둘 그리움, 야광별 셋 후회)

비대해져 가는 도시엔 꽃잎 떨어져도 열매 맺지 아니하니 일신이 곤고하고 번민이 꿈속조차 산란하여라 사랑해야 한다는 구호에 빛을 보려하나 그마저 여의치 못하고 외로운 지경에 이르니 길섶에 핀 꽃과 나무는 우리와 한 몸이란 말인가

날빛 그므는 저물녘, 불어오는 바람에 꿈이 숨어있어 마침내 진심이 통하니 가뭄에 마른 잎들이 뜻밖에 단비를 만난 듯 그 빛이 푸르고 푸르리라 매연을 잠그고 유기농법을 권장하니 백과사전 속에서 노닐던 별과 물고기들이 제자리로 돌아가 꼬리를 살랑 흔들 것이니

동천리 산 165번지

푸른 심지 돋우는 들녘에 결 고은 모시 적삼입고
돌아온 왜가리 쇠백로 해오라기들

진위면 동천리 산 165번지* 마을 가까운 숲에
둥지 틀어 알을 낳듯
잃어버린 우의 살방 같은, 그 무엇이 마음에 소란한다
수확이 싱싱해지는 농약
농약이 뼈를 녹이는 미꾸라지 우렁
우렁이 날개를 꺾는 백로 해오라기들
내밀한 관계 속 생명 부지의 시간을 배회하며
익숙함을 놓지 못하고 시린 계절에 머물러 있는 철새야
어딘가에 있을 맑은 곳으로
날아가기를 다시 돌아오기를
갈대숲 바람결에 전하는 저물녘

이소離巢하는 백로
전언에 밑줄 긋는 시린 하늘 흰 날개짓

* 평택의 백로 서식지로 2월 하순경 왜가리가 둥지를 틀고, 그 다음 백로류, 해오라기들이 날아와 알을 낳는다. 배꽃 필 무렵 부화하여 밤꽃 필 즈음 어미 따라 논에 들어가 먹이를 찾으나 먹이는 생활하수와 농약으로 오염되어있다. 기후가 온난화되면서 텃새화 과정에 있어 겨울철에도 종종 볼 수 있다.

아기 고라니

포승면 신영 나루터 산기슭, 밭을 개간하려고 숲으로 들어온 트랙터에 놀라 아기를 낳던 중 새끼 떨어트리고 깊은 곳으로 숨었다 한다 엄마 젖 한번 빨지 못한 고라니*

황갈색 작은 몸에만 내린
함박눈 무늬가 금세 녹아버릴 것 같다
"안녕"
눈을 바라보는 순간
온몸이 맑은 새벽이 된다

긴 목을 들어 누굴 찾는지 허공을 더듬는 눈동자에 저물녘 호수가 담긴다 마음 기슭에 물결 잘박거리는, 가늘고 기다란 다리에 힘이 들어가라 들어가라 젖병을 입에 넣어주어도 빨지 못하고 코가 말라가는

* 혹시 어미가 돌아오지 않을까 기다리다 야생동물을 위한 쉼터로 보내온 아기 고라니, 결국 잣나무 밑에 묻었다.

장구애비 동사리 밀어 참붕어 밀물새우 붉은귀거북에게

살아있었구나
생활하수 부글 끓어오르는 제방아래
애써 외면한 이곳에서도 지느러미 흔들며
물 겹겹의 둥근 곡선 평미리치는
소금쟁이 가늘한 떨림이 멈춰선 곳
어린 물고기 기치를 마련해주는 물풀들
낭창거리며 물고기 행방을 살피고, 저쪽
빼끔거리며 구름 노을을 마시고 내뱉어
물빛을 닦는 풍경은 자술서 같은
어떤 파장이 일어 흘려버린 무심을 쓰게 한다
무엇을 하겠다는 건다짐은 더 이상
없으리란 다짐을 두는 생태보존교육 시간
어종을 살펴보는 소란함에 바위틈으로
총총 몸을 숨기는 한 마리 밀어가 되어
나는 수초사이를 헤엄중이다

둥지를 모의하는

까치도 재목材木을 고르나 보다

잔가지 물고 날아 앉아
아름다운 것은 엉성함이라며
얼키설키 여며놓는 까치
때론 오랜 시간 보이지 않았으나
가랑비 속에서도 부단히 드나들고

퇴근 차량들이 돌아오는 저녁
뜻대로 되지 않는 생은
은행나무 아래, 발 헛딛은 나뭇가지로 수북하다
견딜 수 없는 것들이 길을 가게 하는지
다시 날아가 물어오기를 여러 번

그 언제의 나처럼 발밑은 보지 못하는 것일까
떨어트린 가지를 까치 눈에 띄도록 옮겨놓아도
또 다시 멀리 물어와
은행나무 정처에 바람과 별이 드나드는 집
달빛 스며드는 보금자리 짓는다

눈이 오면 노루는

1

시냇물에 얼굴 비쳐보는 구름을 담았다가
칡꽃 향기를 렌즈 속에 담는 순간
프레임 밖으로 타다닥 튀어나가는 소리
"노루, 노루야!"
셔터 누르는 것은 까맣게 잊어버리고
몸을 감추며 흔드는 나뭇잎을 바라보고 있다
가을은 황금빛 눈웃음을 치고
"마을로 내려와서는 안돼~"

2

외지 사람이 청초골에 들어와 살겠다며 우물을 만지고
밭농사 이것저것을 물어보는 것이 반가웠던지
고기를 구워주며 소주잔을 건넨다
"무슨 고기예요?"
"묻지 말고 그냥 먹으시게"
소주 한 잔 두 잔에 풀어 놓는 이야기타래
"아! 글시, 연한 줄기를 뜯어 먹느라
산간 논을 제다 밟아놓는게 아닌 감
논농사 망쳐 놓는 이놈을…"

눈이 오면 발자국을 박으며 산길을 내려온다는

청초골

허리를 펴 산을 바라본다 "비가 오것어, 국사봉이 하얀 것이…" 뒤집는 바람에 나뭇잎 흰 면을 보일 때면 비가 온다며 서둘러 둥글어지는 등에서 바구니를 채우는 자줏빛 가지를 거쳐 어린 염소의 울음소리로 햇살이 옮겨 앉는다

허벅지만큼 걷어 올린 지난 이야기 속에 한 해 양식이었고 자식들의 학비였다는 노역의 시간이 굵고 거친 손마디를 건너와 내안에 둥글게 말아진다 쑥대밭을 헤치고 온 것일까 걸어온 길이 그려져 있는 골 패인 주름에 또 얼마나 많은 비가 내릴 것인지

지는 해를 세워두고 하루 일과를 마치려는 노부부의 몸놀림이 바빠진다 떨어지는 무게에 움찔 놀라는데 빗방울은 빛살로 윤이 나게 닦은 가지에 주루룩 미끄럼을 탄다 젖어드는 저녁 짓는 연기, 구름에 스며들고 어둠에 스며들어 산잔등을 지우는 청초골

정적에 끼얹는 부엉이 울음, 적막 더욱 아득해지는

도마뱀풀

풀을 뽑는다 몸을 툭 끊어 내는 풀
풀은 도마뱀 꼬리를 자르 듯 도망간다
끊어낼지언정 뿌리째 뽑히지 않으려
땅을 움켜쥐고 한 몸인 듯 놓지 않는 뿌리
당기는 힘에 맞서던
버텨내려는 의지와 버려야 한다는 결단의
벼랑 끝에서 일거에 몸을 끊어버리는,
고뇌의 질량이 가벼워진 그 순간
풀은 비로소 풀이 된다
푸른 꼬리를 붙잡고 제 몸을 찢는 순간에 스쳤을 고독
고독을 더듬어 목숨이 겪는 적막한 소리 듣는다
보이지 않는 땅속에서 뿌리는 말없이 치열하리라
강고한 어둠을 비집고 솟아나리라
비온 뒤 오월쯤 돋아날 푸른빛 결연함을 더듬어
내 의식 어디쯤 심우도 속 소의
풀 뜯는 소리 듣는다

고요한 저녁 둘

외벽에 걸린 거울 속에 백일홍꽃 피어있다
다가오는 대로 비추고 지우고 비출 뿐인데
꽃을 키운 듯 꽃향기 풀어 놓는다
네모난 틀 속에 구름이 느린 걸음으로 횡단한다
바람이 들어와 꽃대를 흔든다 잔잔한 떨림의
꽃그늘 위에 네발나비 유선형 무늬를 그리고 지우는

외벽에 걸린 거울은 일방의 죽비다
푸른 산빛 들여도 푸른색에 매이지 않고
붉은 노을 물들여도 붉은색에 물들지 않으며
순간 순간 진실을 다해 비추고 비우듯
오늘 뿐인 오늘을 살아야 한다는
거울의 성정이 전해주는 고요한 설법들

외벽에 회상의 벼랑길 내는 거울 바라본다
어깨너머 흐린 기억들이 비춰진다
어제의 푸른 멍울 위에 오늘의 붉은 감정을 덧입힌
어제는 오늘을 붙잡는 닻과 같았다
서쪽 햇살이 백일홍 꽃빛에 물들다 지우며
정결해지는 저녁, 거울의 마음으로 바라보는

외벽에 걸린 거울 속에 고요한 저녁 둘이 담겨있다

3부

행복을 보장해드립니다

애달픈 사과꽃인가요 바람 한 올에도 떨어질까 불안이 엄습한다면 10월 보험에 가입하세요 돌올한 꿈 허방에 돋아내고 전전과 긍긍 사이, 두려움과 두근거림 사이에 놓여있다면 10월 보험에 가입하세요 10월에 가입한다는 건 비색하늘에 달려있는 다홍빛 음률과 입안에 감돌 상큼한 과즙, 꿀향기의 햇살을 덤으로 얻는다는 것

인과因果의 계절에 사랑결핍증 낙과불안증을 앓고 있나요 서러움과 서글픔을 익혀 사과향을 얻고 싶다면 10월 보험에 가입하세요 간절함이란 염료로 물들이는 하늘, 노을에 잠겨 살을 얹고 붉은빛 조도를 높이는 사과, 응보應報의 열매를 원하신다면 아래에 서명하세요

10월 보험 가입자는

1. 생의 오작동으로 가동되는 불우를 분질러 고장난 꿈을 수선한다.
2. 절망 앞에서 어떻게 일어서느냐가 나를 만든다. 어떤 상황에서도 옳은 방향으로 일어선다.
3. 희망은 내 안에 있다. 희망을 찾을 곳은 '나'로부터 어제의 '나'에서 새로운 '나'를 찾

는다.

4. 행복은 본인이 제조해야하며 타인에게 양도하면할수록 커진다.

5. 보험사 동의 없이 삶을 포기하거나 자신을 소홀히 다뤘을 시 자격을 박탈한다.

6. 가입 시 행복 유효기간은 다음 생까지 보장해드립니다.

서명(　　　　　) ㉵

몸을 씻다 1

길 위에서 휘둘린 고단함들이 모여든다 물때로 늙은 시장 안 24시 목욕탕, 장돌백이 할머니들 오늘은 어땠는지 팔다 남은 보따리의 안부를 묻는다 "또 공이여", "오늘은 예서 자고 내일 성환 장에 가보자고" 불우를 어찌해야 할지를 아는지 애달픔이 없다 웃음과 농담 섞인 애환을 푸념하는, 낙담하지 않는 생애가 옷을 벗는다 아슬히 체중을 올려놓은 가느다랗고 휘어진 다리, 걸음을 옮길 때마다 삐거덕 무게를 감당하는 엉치뼈, 말라붙은 젖가슴, 저 나무에 꽃이 피기도 했을까

서너 명 들어앉자 절반의 물이 넘치는 탕 속, 딱딱하게 걸어온 발바닥 굳은살이 내 맨살에 닿는다 발을 오므리며 몇 번 마주친 젊은이에게 눈웃음과 살아온 익숙한 절망을 풀어 놓으신다 피어오른 수증기에 지난 날의 회한도 나이도 지우고 마음 섞이자 한사코 등을 밀어주시는, 더 이상 꿈꾸지도 후회도 없는 손, 거칠은 손이 닿는 곳마다 시-원하다 비누 수건 샤워꼭지 시선 닿는 것들 마저 청정해지는

몸을 씻다 2

시지프스의 4시를 내려놓는다

최신식 사우나에 밀려 절반의 가격으로 저울질을 맞춘 목욕탕, 한숨처럼 고요하다 졸다가 인기척에 고개드는 소영 아줌마 "와 이리 잠이 뼈 속까지 밀려든다냐 징하다 징혀 손님은 커녕 파리 새끼도 읎어 그래두 길바다 장사치들 보덤아 내 팔사가 좋제 바람비에 안 젖고 때를 민께" 아직 개시도 못했다는 눅진한 푸념이 등어리에 달라붙는다

때밀이용 침대는 불판이었다 알몸이 오그라들었다 "찰싹! 힘 빼! 어깨가 돌덩이여" 목욕탕이 깜짝 놀랐다 소스라쳐 깨어났다 바위를 옮기려 했는데 내 몸을 바위로 만들었구나 몸과 마음의 무게까지 짊어졌던 고달팠던 기억, 서러운 걸음을 씻어 주신다 다시 오르려면 버려야할 마음, 비애의 몸체가 가벼워진 저녁

바위의 무게만으로 시지프스 쳇바퀴 속으로 들어선다

길의 역학

어떤 이정표에 힘입어 일어난 아침, 채 마르지 않은 햇살이 차창에 가볍게 부딪친다 똑같은 시간의 시동을 켜고 가속 페달을 밟는다 생각에 따라 굽정이 길도 직선으로 펴지곤 했으므로 눈앞의 길을 곧은길이라 애써 생각했다 어느덧 쳇바퀴의 길은 눈을 감고도 읽을 수 있다

저 멀리 보이던 점이 커지더니 나를 향해 달려온다 눈을 깜박이는 사이 백미러 속으로 들어가고, 다시 달려와서는 지난날처럼 지나쳐 간다 지.난.날. 분명한 표지도 없는 내일을 향해 직진으로 달렸어도 길은 줄어들지 않았다 비둘기 날개짓에 굴뚝이 휘청이다 재빨리 자세를 고치는 것을 보니 배합사료공장에 가까이 왔나보다 이어 플러타너스 가로수 길은 아침 인사를 건넬 것이고 이쯤에서 우측 깜빡이를 켜고 모퉁이 굽은 길을 펴기만 하면 된다 순간 당혹과 맞닥뜨린다 길 위에 쏟아진 폐지들을 속도가 낡아가도록 리어카에 싣고 있는 노인, 이곳에 이르러 길은 신축성을 잃는다

시간의 태엽을 풀며 생의 행로는 나선형이라 생각한다 신산한 계절이 되풀이 되는 에움길 몇 구비 돌고 돌아왔을 노인, 어머니와 겹쳐지는 척박한 생애가 애써 펴놓은 길을 휘어놓고야 만다 출근시간이 방지턱을 넘어간다 백미러 속 애잔함을 뒤로하며 어디로 달려야할 것인지 방향성을 가미한 이정표를 새롭게 쓴다

빈사의 희망

지불해야만 하는 생을 사는가

보육원 건너, 그의 유년은 공원 어딘가에 찌그러져 버려진 음료수 캔이었다 발끝으로 걷어차면 흙먼지 푸석 일어서는 길의 입구에서 만난 절망이 그를 키웠을까 아침을 깨우던 목소리 아련한 살 냄새 기다림이 어둑한 지편, 행상에서 돌아오는 엄마의 모습이 명징해지던 순간의 슬픔이 그를 키웠을까

감당해야 할 한계 따윈 없는 노역의 시간, 어깨가 무너져라 하루의 일당을 지어 날랐다 견뎌냄으로 살아갈 힘을 모으고 얼마간의 미래를 추측하며 수익을 더듬어 가게 하나를 건사했다 길을 바꾸는 행방마다 불행은 번식하는지 양미간 주름에 웃음 펴진지 오래되지 않아 팔할의 꿈을 지불하고 또 한 번 세상 물정을 배운 사내

기억, 그 어디쯤에서 불어오는 바람, 벌레 먹은 가을 우수수 떨구는 길가, 찌그러진 음료수 캔을 발로 차며 왜 태어났는지 출생의 저의를 가늠할 수 없다며 풀어놓는 몇 개의 넋두리는 밤새 나를 놓아주지 않는다

습생의 습격

강한 턱 날카로운 슬픔이 오후 한때를 문다
물린 시장 안 수만의 소음들 급제동된다
직립을 잃고 밑바닥 낮은 자세로 어디에 이르려는지
질곡의 바닥을 끌며 가는 사내
타이어 각질을 두르고 시선을 붙잡고 있다

피로한 채소 헐값으로 떨이하는 저녁 근처
Sobek*을 숭배하듯 길을 내주는 좌판들
발 바퀴를 붙잡는 하수 구멍에
난감함은 이리저리 방향을 틀어보다
온몸의 각오 불끈 끌어 모아
검정색 고무 몸체를 들어 올리는
어쩌지 못하고 바라만 보던 숨죽임 속
억센 불안이 마음 뼈를 으스러뜨리고
길 옆구리를 통과해 가자 다시 몸을 푸는 소음들

비 한 두름 쏟아질 것 같은, 박한 하늘의
의중을 헤아려보아도 질척한 불온만 밟힐 뿐
악어의 궤적을 따라 습생의 저작거리를 배회하다
서쪽하늘로 시들어버린 비애 한 마리 사들고 들어온다
물컹거리는 비린내를 어찌해야 하나

* Sobek : 이집트의 악어 머리를 가진 물의 신.

곁을 주는 노인

새벽시장, 태양보다 먼저 불을 켠다
소금 절은 먼 바다 허름한 상자에 내려지고
하늘도 새벽별 하역을 마치면
시린 손들 곁불 곁으로 모여든다
“이리 와, 컴온, 어서”
살갗 터진 목장갑이 손짓하자
다가오는 눈만 반짝이는 사내
탁탁 삭정이들 괄게 타는 소리에
까만 손을 쬐다가 등을 갔다댄다
이 새벽빛이 닿을 지구 저편
두고 온 얼굴이 얼굴에 그려진다
“타국에서 고생 많제”
건네는 한 개비 위로에 그리움 실려보내고
남은 일속으로 걸어가는 시장통으로
씨뻘겋게 달아오른 드럼통 같은
태양 떠오른다

그녀의 출구

그녀는 오늘도 늦었다
눈웃음으로 미안함을 깔고 앉아 컴퓨터를 켠다
저 손으로 밤새 우동을 말았으리라

남부럽지 않았다던 도시에서 밀려
송탄 골목 야식 포장마차에
삶의 꾸러미를 내려놓은 그녀
생활고가 남긴 자투리 시간
인터넷 바다에서 자맥질한다
물거품처럼 일어나는 세상 소식에 클릭하며
빨판의 긴 다리로 휘감아오는
채팅 사이트에 눈길을 주기도 하였다

일상의 궤도에서 잠시 벗어나
달아나는 세상과 거리를 좁히며
교육실 가득 웃음을 말아 놓는다
통통 부은 우동가락 같은 손으로

그렇구나
— 나의 선생 민희

"어디 갔다 오니?"
차 창문을 내리며
넘어질 듯 질듯이 춤을 추는
호랑나비를 불러 세운다
"아~ 써 선쌔니ㅁ 서 써울 가 따 와요"
그 몸으로? 라는 말이 나오려다 들어간다
"무슨 일로 서울을?"
"여 영상 마 만드느거 배 배우고 와요"
낱말을 혀 위에 수없이 굴려 내뱉고는 멋쩍은 듯
"배 배 우 고 시 시퍼서요"한다
장애를 넘어서고 또 다른 꿈을 품었나보다
"고속버스터미널에서 여기까지 걸어왔어? 차를 타고 오지"
"버 벌지도 모 못-하는데 거어 걸어서라도 다여 다녀야지요"
"……"

나를 종종 가르치는 결연함이 스며있는 얼굴
버스 요금을 감내한 두 발이
넘어질 듯 넘어지지 않으며
현관등 불빛 안으로 들어간다

받은편지함 안의 시

봄을 알리는 비가 내려요
열심히 살고 있다고 믿었던 자신이
이 봄비와 함께 땅속으로 흘러드는 것 같습니다
제가 원하는 것이 무엇인지 모른 채
방황에 방황을 한지 오래 되었어요
어떻게 살아야 하는 건지 그렇게
한 질문을 품고 젊은 날을 보내고 있어요
지난 만남에 바위를 보시고 저 바위는
무엇이 되기 위해 수백 수천 년 기다리고 있다고
어려운 이야기를 열어주셨지요
나는 어디서 와서 무얼 기다리고 있는지…
가슴이 터질 것 같이 아파요 눈물이 나요
시가 어렵다고 하셨는데 그 시가 달려오는 것 같아요
시에서 저만의 언어를 찾아보고 싶어요
다른 사람들보다 인식 속도가 느리지만
세상과 소통할 수 있도록 노력해볼래요
감기 조심하시고 평온한 오후 보내세요

무슨 일이 생긴 걸까

그가 오지 않는다 낮달 같은 그가
다른 별의 주파수를 사용하는지
장터의 소란함을 듣지 못한 채
은행나무 반짝이며 나뭇잎 수화로
말을 건네는 줄도 모른 채
저 홀루 정적에 서서 호떡 굽는 빠른 손놀림
타거나 설익지 않는 생을 꿈꾸며
달콤함을 뒤집는 무렵
다가가 손짓말을 건넨다
입을 벌렸다 오므리면서 손가락 네 개를 펼치면
그는 내 입술모양을 듣고
봉지 속에 넣어 건네주던 그가
몇 번의 장날이 지난 오늘도 오지 않는다

비둘기야, 기차를 타라

가두 판매점 옆 덮여있는 신문지를 헤집고
비둘기 식사를 한다
발자국소리에 슬쩍 자리만 바꿔 눈칫밥을 쪼는
짧은 다리 붉은 발가락에 끈이 엉겨있다

가슴을 막으며 목에 사막을 옮겨놓는 바람
가로수, 회색빛 바닥에 그림자로 잎 트는 역 앞
고가도로를 따라 달리고 싶은 걸까
날아가는 교각 사이의 그물에 날개가 걸려 죽어가는

비둘기야, 기차를 타라
모내기하는 노동에 부는 바람처럼
달 아래를 날아 귀소하는 기러기처럼
너는 하늘에서 눈부셔

폭명 없이 터지는 네온사인의 파편을 맞으며 무표정의
사람들 같은 방향으로 서서 퇴근 버스를 기다린다
쳇바퀴를 돌며 질기게 부여잡아도 허질 뿐
더 이상 희망이 아니다 비둘기야

던킨도넛츠

오늘도 그들은 기차를 기다리고 있다
귀로의 시간이 계단을 오르면
퀘퀘한 공기가 숙성된 대합실
의자에 더러는 바닥에 체온을 내려놓은 노숙인들

고개를 들지 않는 시선 아래
의욕이 풀어진 낡은 운동화 끈
풀어져 있다 신발이 닳도록 맴돌았을 길
지쳐 길을 벗어 배낭에 담아 잃어버릴까 끌어안고
구부러진 잠을 자는 사내의 등을 TV불빛이 덮고 있다
홑겹의 얇은 꿈들 겹겹이 껴입고도 써늘한지 뒤척이고

열차 안내 전광판이 눈망울을 깜박인다
마지막 열차를 개찰한다는 방송 소리가
새처럼 날아다닌다 밀려가는 개찰구의
소란함에 미동도 표정의 움직임도 없이
기다리는 기차는 영 오지 않는다는 듯
간간이 중얼거리며 그 자리에 붙박혀 있다

탑승을 재촉하는 새가 파닥거린다
플랫폼으로 뛰어가는 발걸음 사이사이
던킨도넛츠를 사들고 들어서는 마음이 밟히는 나를
그들은 보지 못하였으리라

꽃들이 춥다

내 손을 잡아끈다 보여줄 것이 있다며
새 학기를 맞아 설레는지 바람이 살랑거리는
5학년 교실 앞 목련나무를 가리키며
저것 봐, 꽃이 피려고 하지
손가락 끝의 꽃봉오리, 주먹을 불끈 쥐고 있다

다시 겨울이 오는지 피어난 꽃들이 춥다
꽃샘바람에 햇빛이 조각조각 난다
들여 마셔진 빛의 파편들
폐에 박혀 밭은기침 뱉어내며
발끈, 주먹 쥔 꽃들이 핀다

유전자 깊이 뿌리박힌
농경이 흔들리는 쌀 시장 개방과
고향을 내놓을 수 없다는 미군기지 확장 반대
길 가득 차오르는 햇봄 부르는 소리
물러서지 않으며 하나 둘 촛불 켜드는
꽃, 꽃들

비, 기억

이 놈의 비… 그만 좀… 내려라
길모퉁이 공중전화부스도
불 켜진 병원 간판도 뒤로 달려간다
와이퍼가 쉼 없이 닦아도 닦여지지 않는

소나기라도 쏟아지려나
유난히 무더운 대문을 들어선다
반기려다 얼굴에서 지난날을 읽으시고는
돌아앉아 아무 소리도 들리지 않는 저녁
어머니 등만 시끄럽다 끓어오르는 속을
등목으로 씻으시려는지 물소리 끼얹어 진다
떨어지며 부딪치는 금속성 소리
숨 막혀가는 소리 나를 후려친다
얘. 야. 바. 늘. 로. 손. 손. 을. 따. 거. 라.
부들부들 떨리는 바늘이 살갗을 찔러도 피는 나오지 않고
창문이 번쩍한다 하늘이 버럭 소리를 지른다
불을 밝혀주는 번개의 빗속을 달려도
보이지 않는 병원 간판

과거로부터 운반되어온 냄새와 빗방울이 고인다
지우려 물웅덩이 위를 지나가도
쏴아 소리를 내며 흩어졌다 다시 고이는

수막 위를 미끄러지듯 달리며 20년을 도망와도
내가 용서 안 되는
기억, 비

생이 가볍다

낙석이 앉아있는 동강 옆구리 벼룻길
운무에 앞 차 번호가 사라진다
(더 피어올라라 모든 것을 지워버려라)

헤드라이트 불빛마저 가로막힌 생은
속도를 낮추며 안개 속을 가야만 했지
띠 모양의 안개 위에 산정山頂이 섬처럼 떠있는
저 풍경과 하나 될 수 있다면

길이 휘돌아온다

악셀레이터를 밟는다 벼랑 끝의 나무 다가선다
와이퍼가 손사레를 친다 휙, 핸들을 튼다
차는 넘어갈 듯 휘청이고 나도 휘청인다
거칠어진 엔진 소리 몸 밖으로 흘러나오는 소리 뒤에 숨고

가로수 가지 끝마다
물방울 떨어질듯 반짝이는데
그 무엇이 이 길을 가게 하는가

시간을 벗기며

톡, 어깨를 치자 향기가 깨어난다
꿈의 질료를 붉게 익혀놓은 사과
꽃 떠나간 자리, 아린 자리에 꼭지로
아슬히 저를 매달고 생을 익혔으리라

두껍게 더러는 얇게 봄에서 여름을 깎는 동안
꽃숭어리가 끌어안은 하늘 풀어놓는
사과 껍질 같은 길, 나는 간절히 바래왔다
내 꿈의 질료들은 붉음으로 이울지 못하고
길 위에서 지칠 때 쯤 우박마저 못질한 상처
그쯤에서 길이 끊어진다
사과 잡은 팔목의 푸른 핏줄이 눈에 들어온다

한.때.포.기.하.고.도.싶.었.다.

어둠이 이내처럼 내려앉는 저녁
두텁게 상처를 도려내고 다시
흰살 속에 바람을 새겨 넣은 일
햇살을 끌어안으며 사과를 부풀린 일
폭풍우를 견딘 신산한 시간을 벗기며
사과 한 알 만큼 고독해진다

눈부신 아픔

기다리는 기차, 시간을 비울 때 연착하는 몇 분의 동전을 넣고 탄산음료를 딴다 톡, 터지는 숨통, 저 멀리 기억처럼 달려와 다시 멀어지는 레일, 오랜 시간 쓸리고 깎여져 빛나는 길, 눈부심은 아픔이었다

유리창에 풍경이 오고 풍경이 가고 다시 일비치는, 나를 붙잡는 어제의 발목들, 터널 끝의 빛에 명백해지는 생의 굴곡, 건널목을 건너며 내지르는 기적소리로도 가 닿지 못하는 마음 우묵한 곳까지 내비치고, 철로 이음새를 넘어가며 덜컹이는 것은 정작 내 안의 소리였으니

플랫폼으로 들어서는 기차 멈춰서며 뼈를 깎는다 견뎌야지 깎여져야지 다부진 발소리 궁륭의 통로를 울리고 조명으로 환히 밝힌 역사를 빠져나와 또 다른 입구에 선다 내일의 문을 열고 나아가

창 없는 방

삐꺽거리는 계단을 올라 기억 속으로 들어간다 오래도록 햇빛 들지 않아 입을 다물어버린 다락방, 시간이 남기고간 발자국 틈새마다 먼지로 쌓여 빛에 폭로된다 먼지에 빛 부딪치는 소리, 흔들리는 그림을 그리는 백열등의 그림자, 뿌리 뻗어 넝쿨져 오르는 회억, 이내 숲이 무성하다

짧은 해가 진다 숲은 어두워지고, 어머니, 어디계세요 잔바람에 서걱이는 소리, 혼자 남겨진 서늘한 살 속에 흐르는 두려움, 방향을 잃고 어디로든 한 발 내디디면 나뭇가지 뚝뚝 부러진다 어쩌지 못하던 덤불숲, 울음 푸드득 날아오르며 어둠 뒤채는 소리에 생을 길들이며 견딘 시간이 먼지로 앉는다

너무 오래 창 없는 방이었다 햇살 그리운 벽이 움찔한다 맴돌며 부딪치고 부딪쳤던 귀퉁이 깨져나가는, 다락방의 벽이 금 그어진다 어둠 깨지는 아침, 갈라진 틈사이로 쏟아지는 빛, 눈부셔라

祝文

음력 7월 16일, 오늘도 더위는 고개를 세우나 어디선가 바람이 불어올 것도 하여 하늘을 바라봅니다 번개 빗줄기 쏟아내던 그날, 그날 후로 하늘 한 곳이 늘 아팠습니다

내안에 울부짓는 폭우를 잠재우고 잠재웠던 나날들, 커져만 가는 가슴속 응어리에 살아있는 것도 죽은 것도 아니있습니나 어머니, 보고 계세요 이젠 걱정 안 하셔도 되요 끝 딛고 일어서 걷고 걸어 산등성이에 앉았습니다 더미 구름이 맑고 바람도 선들 불어 새소리도 들려옵니다 가파른 산마루가 시간 앞에 놓여 있지만 이젠 두렵지 않아요

없는 찬도 깔끔히 차려주시던 정성에 가 닿지는 않아도 어머님이 좋아하시던 나물과 닭찜을 만들었습니다 두루 흠향하세요

4부

만날 때마다 마애석불

1

관점觀點은 얼굴을 달리했다

귀, 작고 큰 소원 담아 어깨까지 늘어트리고 입, 두텁게 튀어나올 사투리 질끈 닫고 발, 맨발로 밭일을 하다 돌아온 촌부로 서있는 석남사 마애여래불, 어느 날은 양미간에 주름이 잡혔다가 또 어느 날은 미소어린 표정이 돌의 살갗에서 풀려 나온다 들고 온 마음의 각에 따라 다르게 보이는 것일까 몇 발자국 움직여 바라보면 몸 속 몸 밖까지 들여다보는 얼굴, 햇살이 부리로 쪼아대자 표정은 잠자리 날개처럼 투명해져 마음 돌덩이를 날려 보내는

2

등 뒤에,

마애여래불이 돋을새김 되었나보다

이토록

너의 등에 간절함이 풀어지는 것을 보면

해질무렵 무량수전

박돌 깔린 오솔길을 따라 일주문을 들어선다
서늘하고 온화한 풍경은 초름한 마음을 안으로 이끌고, 그때
너울진 겹겹 산 이랑을 넘어가는 법고 소리
타종의 여운 속에 저녁 예불 드리는 소리
내 몸의 방적돌기를 스쳐 슬픔의 실마리를 뽑아놓는다

골담초 피는 조사당 아래
저 바위의 사연이 눈물겹다

네 세상 살아야한다고 날아야한다고
새끼를 벼랑에 두는 단호한 사랑처럼
수평선 너머로 떠나셨지만
넋이라도 당신 곁에 머물고 싶어
바다로 뛰어들어 파도를 잠재우고
바위를 들어 당신 뜻을 받들었지요

사랑은 필연 이러할진데 선묘낭자에 가 닿지 못해서일까
절대적 순수 앞에 깃들어있던 무엇이 솟구친다
울컥 고개를 드니 하늘의 눈시울도 붉다
점점 낮은 음의 고요를 풀어놓는 해 그림자
팔작지붕의 기와처럼 겹쳐있던 시름을 지우고
쌓여지는 어둠만큼 마음 환해지는 부석사

모바일 꽃이 핀다

새벽은 저리도록 멀었다

나를 켜둔 채 어둠 속에서 깜박이는 몸
씨앗별 하나 창가에 뿌려지기도 했으나
소식 없는 시간이 흐르고
신비디움도 적막에 있다
적막에도 뿌리가 있는지 점점 자라 아리는
생장점 끝에서 발아하는 아침
폴더를 여는 신비디움 꽃봉오리에 힘 입어
모바일 심장 속으로 너를 넣는다
공.일.공.삼.사.삼.오.
버튼을 누르는 손끝의 전율과
꽃내음이 한 주파수로 공명하는 발신음
받지 않는 꽃향기는 더는 향기로울 수 없었다
너와 함께 있는 시간, 가슴에 울리는 진동 같은
신호음은 좀처럼 오지 않고
순간, 액정이 환해지며 되보내어진 숫자
공.일.공.삼.사.삼.오.
폴더를 열자 숫자는 포르릉 날아들고
신비디움, 햇살을 아삭 베어 문다

단단한 사각지대

미혹임이 분명하다 너는

비 오는 날의 산책, 슬픔이 들어 찬 햇살
낯익은 듯 낯설은 새로움의 숨결이다
한발 다가서면 들여 마셔지듯 빨려드는 세계
궁극을 바라보며 교감의 더듬이를 세워 길을 내던 허공
허공은 밝은 어두움 담담한 호기심이나 빠져드는 희열
그 하나로 갈망에 곤두박질쳤다

수면에 비친 달이다 너는

저 조용한 거리를 알지 못했다 도통 만져지지 않는
내일을 알 수 없어도
길을 제대로 걷고 있다는 생각에 닿는 순간, 사라졌다
너에게 잇닿는 길을 찾아 불면을 밝히던 상실의 시간들
멀고 맑게 존재를 드러내는
내 오랜 시간의 사각지대

사과나무 단풍

길을 잃었을 때는 그 자리에 있으라 했지
길이 찾아올 때까지

헛딛어 의지직 밟히는 푸른 낙과의 어제와
헛짚은 길과 맞닿아 있는 내일이 뜯겨질 듯
절취선 이음새가 간조롱이 내리는 비 같다
너에게 이르고자 뿌리에 스며든 빗방울
빗방울의 하늘 밀어 올리는 마음의 유관 속
신경올을 따라 빨려들다 떨켜 벽, 막다른
생에 막혀 후끈 달아오른 이파리
열혈로 단풍드는 나무다 나는
몸에 잉걸불을 매달고 바람에 몸서리치는 밤
닿아있어도 닿지 않는 생각의 끝에 길을 만들고
길은 다시 생각을 만들어 수만 갈래의 길을 만들고서도
시간보다 빠른 지름길을 찾지 못하고 있다

단순한 것이 궁극의 길, 길의 정수

오컴의 면도날*처럼 생각을 자르고 낙엽 떨구는
나무도 더 이상 뿌리내리지 않는 가을
네게로 향하면서도
또 한 장의 달력을 뜯으며 그 자리에 있다

* 오컴의 면도날 : 필요하지 않는 가설을 잘라내고 가장 간결한 이론을 취해야 한다는 사고 절약 원리.

신길역의 푸른 밤

갈아 탈 생의 환승역은 없는 걸까

휘익, 바람이 살아오른다
기다리는 몇 분의 긴 고요를 가르는 전동차
길의 마디마다 다른 생각을 태우고 다시 달린다
길은 늘 어긋나는 길이었다
정거장의 하행열차와 상행열차처럼
잠시 잇댔다가 나를 통과해 갔다
서글픔이 고여드는 쌉스름한 저녁

갈아타는 곳 화살표를 따라 걷는다
(삶에도 방향 표시기가 있다면…)

교행하며 바람을 찢는 전동차
지축을 울리며 전선에 걸린 초승달을 흔들고
마모로 반짝이는 레일이 전류처럼 흐른다
마음 플러그를 바람벽에 꽂아
순간의 스파크가 일며 환해지기를 바래왔을 뿐
나는 나를 살지 못했다
바람이 살아난다 멈춰서며 궁리처럼
환하게 문 여는 전철처럼 미궁을 열어라
이 길이 가야할 길이라면 기꺼이 몸을 실으리라

온몸의 각오 덜컹거리며 달려가는

나와 Finepix 디지탈 카메라

내가 존재되는 시공간을 찍는다 찰칵!
찰라와 찰라 사이를 가르는 번쩍임
자른 시간의 단면을 600만 화소로 보며
초점이 흔들린 시간을 지우고 다시 촬영하는

카메라 뷰파인터 속으로 들어오는 달
초점은 자동으로 맞춰졌다
줌렌즈로 거리를 당기자 숨이 멈춰지고
시간을 낚아채려 재빨리 셔터를 누른다 찰칵!

생처럼 달빛도 허구였나보다
보지 못했던 표정과 속마음이 사진에 드러났다
다정하던 달빛은 햇빛을 차용했을 뿐
달의 본심*이 아니었다

믿음에 균열을 일으켜 얻은 저 먼 진리의 단서
진정眞正으로 알아야 진정眞情으로 사랑할 수 있는 법
인화할 수 없는 시간을 지우고
달의 또 다른 성분에 앵글을 맞추며
셔터에 손을 얹고 숨을 고른다

* 달은 스스로의 빛이 아닌 태양 빛의 반사로 빛을 낸다.

급성 결막염

탁해진다
시간의 더께만큼 붉어지고 흐려지는 것이
거끌거끌 거스러미 인다

안과의사는 내 마음 정수에 세극등 현미경의 빛줄기를 비추며 지나온 시간을 들추어 본다 숨겨놓은 음한 생각과 속내를 들키지 않으려고 눈을 깜박인다 그런 술수에 넘어가지 않는다는 듯 밑둥까지 샅샅이 훑어보고는 아니 되겠다며 부끄러운 이력을 씻으려 한다 차갑게 떨어지는 몇 방울에 쓰라리고 아려오는 과오들

후끈 달아오른 뺨의 길 건너 간판의 전구 하나 끊어지려는 듯 명멸한다 그 빛에 어제의 이미지들이 반향되어 오는 시간 속, 쇼윈도우에 멀어지고 싶은 오늘의 내가 비쳐진다 소란스런 하교 길의 청춘들과 충혈된 후미등 긴 정체로 거리는 급성 결막염을 앓고

눈이 내린다 다.독.다.독 시간을 덮으며
세상이 하얗게 치료된다 마음도
하얘진다

겨울 산에서

겨울 타래실이 풀린다 얼음장 밑
물방울 청정한 올이 풀리는 소리
나무의 튼 살마다 잎망울 영그는 소리
귀를 열며 산허리를 지난다

돌부리에 중심을 잃어도
겨울 산에서 더욱 푸른 소나무 바라보며
풀리는 다리에 힘을 실어보지만
다 왔다는 정상은 가도 가도 닿지 않고
삶은 흘린 땀이 식어서 드는 한기에
다시 길을 가기도 하지

눈 덮인 능선 위로 햇살 내려 앉는다
눈 알갱이 알알이 비추는 빛, 몽환의 옥빛에
바람 한켠이 깨어난다
결빙의 계절에 햇살 끌어안아도
자신을 잃지 않고 형형히 빛나다 납설수로
흘러 잎으로 피어날 저 눈꽃처럼
한 세상 지나갈 수 있기를

눈 덮인 산 나뭇잎 바위틈에서
얼은 몸 추스르는 산마루에

떡갈나무 가지 끝 마른 나뭇잎처럼
매달려 흔들리는 생을 부추긴다

서툰 순응

가질 수 없었던 길을 놓아 줍니다

흐르고 흐르다 지쳐 다가오면
물속에 햇살 끌어다 발 씻겨주고
품안에 키운 물고기
꼬리로 살랑 물의 등을 다독여
보내주는 시내처럼

냇가의 돌멩이 마른 등을 보이는
겨울 봄 사이
내지르지 못한 호소 같은
투명한 얼음장 속 막혀있는 소리
좁아진 길목, 울림만 가득해
소리 움을 틔우는
나뭇가지의 그림자를 드리운 물속에
내 모습을 떨어트리고

흘려보내고 또 보내도
내 것으로 가질 수 없는 길은
마음 밑바닥 돌멩이에 부딪쳐
소리로 다가오면
한 번 더 안았다가 놓아 줍니다

올해의 명제
— 定心應物

순간, 산통으로 붉어진
바다를 뚫고 나오는 알 태양
태양도 발밑을 비추어 보는지
반영을 달고 떠오르다 떨쳐버리고 높이 솟는다

빛을 부화하는 어둠, 어둠 심켜버리며 광속으로 달려오는 햇살의 광휘, 미세한 것들 부딪히고 얽히며 반짝인다 시간을 끊었다 잇는 혼미한 햇살에 시공간이 빠르게 압축되며 어제의 이면을 들춰낸다 나와 나 아닌 것들이 부딪치던 시간들, 한때 파도였던 열망들이 물거품으로 가슴기슭을 쓸고 가는 새해 아침, 다시 다짐들이 솟구친다

태양은 새로운 시간을 낳았다
올해의 명제는 첫 햇살 섞인 다짐을 부화하는 것
갈매기 태양 속으로 파고드는 저기
시간의 불물결 주름져 온다

흰두루*

숨을 쉬는 듯 내 몸을 들어올렸다 내려놓는 땅
뜨거운 입김을 뿜어낸다
훅, 끼얹는 유황냄새에 길이 멈춰서고
날개 죽지에 감췄던 숲 머리를 들어
휘도는 시선 끝의 비룡폭포
온몸을 던져 감탄부호로 떨어진다

나의 피 속에도 숨어있었던 것일까 정신
버쩍 일어서게 하는 우뚝 솟은 봉우리들
갈기를 세워 천지를 휘돌고
맑은 흉금을 열어 품에 안은 물밑 하늘은
휘청 휘청이는 나를 비추다 언뜻
구름 한 조각 띄워 놓는다

과녁을 뒤돌아서도 오래도록
마음을 끌어당기고 놓지 않던 시위
풀잎의 빛결에 활을 꽂는다
몸의 심지에 불을 당긴 구름국화 두메양귀비꽃
바람의 틈새 틈새마다 몸 털고 일어서는
비로용담 호범꼬리 하늘매발톱
구름송이풀 옆에 누워 구름 소리를 가만가만 듣는다

* 흰두루 : '백두산'의 순우리말로 흰 구름을 긴 이마에 두르고 있다하여 붙여진 이름.

뭉금머리트 그곳

하느님도 힘이 드셨나보다 천지창조 둘째 날
땅을 만드시다 몽골에 이르러
컴퓨터 그래픽처럼 복사하기를 거듭하셨는지
차창 밖 풍경은 초원과 초원과 초원
하늘과 땅이 맞닿아 소원하면 직통으로 전달되는 곳
조각달과 총명한 별을 뿌리며 사막 초입의 밤을 허물어
하늘은 성지가 되고 몸은 아늑히 낮아지는 곳

초원을 깨우는 긴 사선의 아침햇살
발소리에 놀라 튀어 오르는 풀벌레들
하늘 소리를 수신하기 위해 귀 세우는 말떼들
높이 활공하며 땅끝까지 바라보는 새들
마음속 덫에 걸린 고리장치가 덜컥 풀리는 소리, 듣는 곳

길은 없었다 길의 절대 진리란 없었다
앞서 지나간 흔적을 더듬어 길을 만들며 가는 곳
패랭이 자운영 에델바이스 고깔제비꽃
복사 또 복사하여 끝없이 펼쳐놓은 곳
몽밀하게 돋아난 꽃빛, 지평선까지 내달리는
수천수만의 야생화 보아라
동행의 눈빛들 깊은 너울로 출렁이는 곳
길을 찾던 자, 한 줄 요약으로 돌아오는 곳

흰두루

푸른 섬광 회도는 흰두루 푸른 정적에 있다 발끝에 채인 돌멩이 절벽에 부딪치곤 아득히 사라지는 천문봉 발아래, 흔들린다 땅이 진동한다 오래된 시간의 환영 나를 빨아들인다

여명의 풀 그림자 숨죽인 나무들
소리와 움직임을 흡수한 일체의 정적에 끼얹는
짐승들 다급한 소리 새 푸드득 날개 치는 소리
땅이 쩌억 금 그어지고 틈새에 용솟음치는 불기둥
메탄과 타르가 끓어오르며 화염소리 포효한다
숨 가쁘게 치닫던 소요를 삼켜버린
화산재 속에 흐르던 불, 뼈를 세워
정신의 벼린 날 같은 봉우리들 우뚝 솟는다
구름이 빠르게 시간을 통과하며
현무암은 모래가 되고 바람으로 돌아가
백두대간 마루 금을 따라 날아 흐른다

빨아들였던 환상이 나를 뱉어놓는다 쥐라기 신생대를 날아온 시차에 현기증 아찔한 발밑, 신생의 오늘이 의기롭다 태동의 기억 피워 올리는 강건한 흰두루, 울림은 이리 높은데 나는 낮게 낮게만 흘러 생의 한때가 순결해진다

청령포

넘어서지 못하는 마음이 38번 국도를 달린다
구불구불 다릿재를 넘어 박달재 느릅재를 지나
야윈 서강을 건넌다
저 만큼의 거리에서 바라보는 달
그 시선이 고즈넉이 슬퍼서
가속 페달을 밟는 오르막 어디쯤
짐승의 울음으로 오르는 영월의 산들이
벽처럼 서 있다 한 겹 벗어나면
또 다시 서 있는 벽
막막한 심중에 갇혀있는
이 생은 또 다른 유배지인가 보다
한 생애가 함정이었을 소나기재 위
절묘한 절벽에 처량함을 잠시 내려놓았다는
선돌의 풍경을 달빛으로 더듬는다
북받쳐 떨리는 달 그림자 더 이상 보듬지 못하고
구불구불 내리막 슬픈 역사의
장릉을 지나 청령포 무렵
달마저 구름에 얼굴을 묻는다

마른 기억 하나

책갈피에서 기억 하나 떨어진다

별빛도 풀벌레 울음도 몸을 통과했던
비 소리도 바싹 마른 빛 슬픈 단풍잎
한때의 기억만으로 버티고 있는지
바스러질 듯 잎맥을 드러내고 있다

물방울 길어 올리던 수만 갈래 물관의 길 중
네게로 가는 길 하나 알지 못했을까
너의 마음 우듬지에 오르지 못한 내가
파삭파삭 사막의 사구를 걷고 있다

잎맥에 손가락을 대 본다
기억을 재회하는 동안 10시의 햇살과
나뭇잎 사이로 지나가던 기억의 바람 불거져 나오고
그때마다 갈라질 듯 마른 잎 위태로워

어제의 시간을 책갈피에 고이 넣어 덮는다

틈입하는 기억

아침이 새어 들어온다 커튼을 들었다 내려놓는 바람, 잠을 흔들고 지나간다 바람은 슬픔을 업고 집안을 휘돈다 방바닥이 흔들린다 가구들이 휘청한다 창문 풍경에 손을 짚는다 가로수 잎은 얼굴을 씻어 말갛고 길은 희끗 말라있다 다녀간 비 때문일까 내 속에 옹당이지고 고여드는 막막함에 내 마음이 내것 같지 않은 아침

차라리 아파야겠다

문을 열어준다 기억이 들어오더니 심약한 부분을 만지작거린다 만지작거릴 때마다 젖어갔다 마음 구석구석 다리를 뻗는 아픔의 뿌리들 습기를 퍼 올려 꽃을 피운다 통증 환해지며 오히려 나를 어루만지는 기억들, 나선형을 그리며 허공이 돈다 하염없는 응시에 점점 선명해지는 끝, 그곳에 네가 누워있다

소금꽃

석출을 마치고 소금창고 닫혀있는 10월의 염전에
한자락 바람이 하나의 시간을 흔들고 지나간다
어른거리는 눈부처 같은 잔물결에
기다리고 있는 염부의 여름 한때에 닿는다

칸칸의 바다에 짠내나는 그리움 가둬놓고
소금 오기를 기다렸으리라
바람 햇볕에 익히고 달빛으로 맛을 들여
하얗게 여물어지기를 기다렸으리라
구름 그늘 없는 햇살 적막한 날
기다림의 극점에서 그리움의 물질이
하나로 엉겨 오는 소금
당신을 오게 하는 것이 기다림이라면
기다려 소금꽃이 필 수 있다면
수수계절 기다릴 것이다

저 너머 시간의 바다에서 바람 불어온다
염생식물 흔들려 낭창거리는
소금이 오는 절정의 계절과 어긋 만난 곰소염전의
한 저녁이 끝없이 기다림을 이야기하고 있다

빗방울 당신

빗방울을 따라 시선이 움직인다

맺힌 물방울들 몸붙여 하나로 떨어지는 차양 끝
갈라진 틈 사이 습기를 빨아들이는 시멘트 벽
전봇대에 젖은 광고 글자와 전화번호들
전·화·번·호

머뭇거리는 저녁일 뿐인데
잊어버리기라도 한 것처럼 채근하며
내려놓은 시간을 신발을 적시는
빗금들 둥근 적요들

얇은 냄새를 우려내는 길 저쪽
어둠은 고요히 풀려 흐르고
가로등 불빛 고인 물웅덩이에
비친 나를 가늘게 흔들고 지나가는

몸 바꿔 빗방울로 떨어지는 사람아

비는 그친 것이 아니다

창문아래 짧게 파인 어제의 빗소리가 있다

소리가 빠져나간 빗소리, 움푹한 기척들, 다녀간 흔적만 남긴 채 어디로 간 것인지 더듬는 마른 빗방울에 젖는다 안 보이는 것은 보이는 것보다 아련한 몽유로 이끌며 다른 시간으로 옮겨놓는다 오월이었다가 시월이었다가 마로니에 잎을 적시는 빗방울이었다

시선은 휘어져 멀리 있고 듣고 싶은 말은 들리지 않은 채 커피가 식어버린 오후, 커피 전문점 문 나서는 소리 우산 펼치는 소리 다른 방향으로 걸어가는 소리 마로니에 가로수 아래 깨지는 음절들, 회억의 행로가 덧쌓이는 젖은 소리를 지나 단절에 이르는 저녁

마른 빗소리에 한 시절이 젖어 몸은 비의 운율로 가득하다

해설

슬픈 아프락사스를 향하여 날아가는 새

박남희 시인 · 문학평론가

슬픈 아프락사스를 향하여 날아가는 새

박남희 시인 · 문학평론가

1. 사랑, 혹은 시라는 이름의 아프락사스

인간은 본질적으로 무엇인가를 욕망하는 동물이다. 그 욕망의 근원을 거슬러 올라가면 아담을 만나게 된다. 신을 거역한 인간은 낙원에서 추방을 당하게 되는데, 그를 속세로 추방시킨 열매는 선악과이다. 선과 악을 알게 하는 열매인 선악과는 인간의 양면적 속성을 상징하는 열매라는 점에서 특별한 의미가 있다. 그 열매를 따먹음으로써 인간은 끊임없이 이중성의 굴레에서 고통을 겪게 된다. 삶과 죽음, 축복과 저주, 참과 거짓, 빛과 어둠 등은 인간의 삶에 끊임없이 길항하면서 개입하는 중요한 명제들이다. 칼 융은 이러한 개념을 아우르는 신으로 고대 희랍 신화에 나오는 신인 '아프락사스Abraxas'를 지목한다. 사실 아프락사스는 헤르만 헤세의 소설『데미안』을 통해서 더 유명한데, 데미안은 친구 싱클레어에게 보낸 편지에서 "새는 알에서 나오려고 애쓴다. 알은 새의 세계이다. 태어나려는 자는 한 세계를 깨뜨리지 않으면 안 된다. 새는 신을 향하여 날아간다. 그 신의 이름은 아프락사스다"는 유명한 말을 한다. 그런데 여기서 헤세가 말한 신은 기독교에서 말하는 절대 선으로서의 신이 아니다. 구약 성서에서 여호와가 선악을 알게 하는 열매인 선악과를 창조했다면 고대 희랍인들은 선악의 성질을 모두 갖춘 신인 아프락사스를 창조한 셈이다. 희랍의 문화가 지금까지 인본주의의 바탕을 이루어왔다는 점을 감안하면 이러한 친인간적인 신을 창조한 정황이 충분히 이해가 된다.

그런데 나는 '아프락사스'를 사유하면서 사랑, 혹은 시의 이중적인 속성을 떠올린다. 그런 관점에서 보면 '아프락사스'는 사랑이나 시를 포괄하는 총체성으로서의 신은 아닐까 하는 생각이 든다. 이 글의 텍스트인 이원희의 시를 읽어보면 사랑의 양면적 굴레에서 아파하는 화자의 모습이 빈번하게 등장한다. 실제로 시인은 「내 몸의 정전」이라는 시에서 『데미안』의 아프락사스를 인유하고 있다. "하늘에 금이 번지고 천둥이 울립니다/ 아프락사스 당신, 당신이 보내는 신호에/ 내 몸의 조명이 켜집니다/ 앞마당의 옥잠화 생기 잃은 얼굴을 들키고/ 다치지 않으려 익숙한 습성을 굴리며/ 알처럼 칩거중인 시간을 비춥니다/ 깨야한다고 날아야한다고/ 구름을 모으고 천둥을 번개에 묶어 내리칩니다"는 구절은 아프락사스를 향하여 날아가려고 애쓰는 새의 몸부림이 그대로 드러나 있다. 사실 사랑을 하는 일이나 시를 쓰는 일은 '익숙한 습성의 알'을 깨고 한 마리의 새가 되어 하늘을 나는 일이다. 그러나 자유로운 새가 되어 하늘을 나는 일은 그리 쉽게 실현되지 않는다. 이러한 정황을 시인은 다음과 같이 노래하고 있다.

새의 문장들 부재중이다
시의 행간을 날지 못한 말들의 소요
푸드득 날개 치는 소리만 시끄럽다
깃을 쳐 전기불꽃을 일으키며 날아올라

구름실타래를 풀며 춤추는 바람, 바람을 타며 바람이 되는 일
나는 아직 시간의 그림자에 앉아 하늘을 짐작하는 새
어휘들 하늘에 엄두를 내지 못한 채
몇 개의 넋두리로 풀어지는 밤이면
가릉빈가, 천경을 날아와 꿈속에 내려앉는다

함축된 의미의 태양을 향해 날개짓한다
햇살과 맞닿아 빛이 눈에 가득하나
눈부심은 오히려 어둠이라 어둠의 새다
구름 그늘이 바위에 내려앉는다
바위라고 생각했던 것들이 구름일지도 모를 일
바위 속 제 몸을 비운 곳, 그곳에서 채움을 기다리던 구름
어둠의 결을 뚫고 솟구치는 구름 심장소리
바위의 고동소리 詩語의 물방울 구르는 소리
차고 맑은 음색으로 일깨워 가슴에 무늬를 만드는,

음악이 되지 못한 내 안의 은유들
수없는 어둠을 돌아 목마름쯤
캄캄한 문장들에 가릉빈가 날개를 달아본다
—「가릉빈가」 전문

불교에서는 부처님의 소리를 전하는 묘음을 내는 새를 가릉빈가kalavinka라고 한다. 시인의 각주에 따르면 이 새는 "사람의 머리에 새의 몸을 한 상상의 새인데, 아름다운 깃털과 맑은 소리로 시인처럼 사람을 감화시킨다"고 한다. 히말리아 설산에서 태어났다고 전해지는 이 새는 불교적 의미에서는 일종의 '해탈을 꿈꾸는 새'로도 볼 수 있다. 그런데 시인의 내면에는

"새의 문장들이 부재중이다". 그러므로 시인 자신은 아직 "시간의 그림자에 앉아 하늘을 짐작하는 새"일 뿐이다. 시인이 새가 되어 날아가려는 곳은 태양인데, 여기서의 태양은 일종의 '아프락사스'와 같은 상징으로, 두 번째 연의 '함축된 의미의 태양'은 시를 가리킨다고 볼 수 있다. 여기서의 새는 태양을 향하여 날아가는 새라는 점에서 '빛의 새'이지만 한편에서는 빛의 눈부심이 오히려 어둠이라는 점에서 보면 '어둠의 새'가 된다. 시의 속성 역시 빛과 어둠의 역설적인 속성을 포괄적으로 함유하고 있다. 시인은 이 시에서 "구름 그늘이 바위에 내려앉는" 모습을 상상하면서 "바위라고 생각했던 것들이 구름일지도" 모른다는 점을 지적한다. 구름 그림자가 바위에 내려 앉아 "어둠의 결을 뚫고 솟구치는 구름 심장소리"를 듣게 되는 일이야말로 시를 만나는 일이라고 말할 수 있다. 시인이 이 소리를 "詩語의 물방울 구르는 소리"와 동일시하고 있는 점만 보아도 이를 짐작할 수 있다.

당신처럼, 나를 길들이는지 실타래 산길은 왼쪽으로 감았다 풀고 다시 오른쪽으로 감으며 밤하늘로 이끈다 별마로 천문대, 하늘 높이 지어놓고 은하수 포획할 그물을 던지는 사람, 누굴까 그도 누군가에게 달을 따다주고 싶었나 보다 손끝에 닿을 듯 말 듯 걸려 있는

당신, 마음을 접는군요 어이하여 세상 모든 것들은 피었다 지는 꽃인지 달빛 사라진 어둠속 적막으로 변주되는 달맞이꽃에 가늠해보아도 그것도 아닌, 헤아리는 저의에 어둠이 잠기고 내가 어둠으로 스며들쯤 홀연히 다시 펼치는

운명처럼, 접었다 펼쳤다 달빛에 걸려 넘어진 생애가 개기 월식 때문만은 아니게 어떤 사상처럼 자아내는 미묘함과 검고 푸른 여명과 어느새 동쪽 하늘 불사르는 태양과 내가 하나 되어 이 땅의 율법을 초월한 듯한데, 동강줄기를 따라 물안개 피었다 지는 저 치명적 풍경은 아직 길들일 것이 남아 있다는 것인가

—「달, 쥘부채」 전문

화자는 별마로 천문대에 이르는 산길을 걷고 있다. 화자가 천문대에 이르는 과정은 직선의 대로를 달려가는 것처럼 단순하지 않다. 시인은 그 길을 걸어가는 과정을 사랑에 이르는 과정으로 비유한다. 따라서 그 길은 시인에게 있어서 "당신처럼, 나를 길들이는지 실타래 산길은 왼쪽으로 감았다 풀고 다시 오른쪽으로 감으며 밤하늘로 이"끄는 것처럼 인식된다. 이뿐 아니라 산을 오를 때 화자의 앞길을 환하게 밝혀주던 달은 돌연 구름 속으로 몸을 감춘다. 그러나 달은 짓궂게도 화자가 어둠으로 스며들 즈음 홀연히 다시 몸을 드러낸다. 시인은 이러한 광경을 사랑하는 당신이 마음을 접었다 펴는 쥘부채로 비유한다. 그는 이러한 광경을 보면서 "운명처럼, 접었다 펼쳤다 달빛에 걸려 넘어진 생애"를 회상한다. 그러나 쥘부채처럼 변화무쌍했던 시인의 사랑은 시인에게 상처만 남긴 것은 아니다. 시인은 아직도 "어떤 사상처럼 자아내는 미묘함과 검고 푸른 여명과 어느새 동쪽 하늘을 불사르는 태양과" 하나 되어 "이 땅의 율법을 초월한 듯""동강 줄기를 따라 물안개 피었다 지는 저 치명적인 풍경"을 잊지 못하고 있다. 이처럼 시인에게 있어서 사랑은 상처이면서 동시에 매혹이다. 그렇기 때문에 시인은 종종 사랑을 잡기 위해 "좌표를 잃어버린 우주선"(「카탈로

그 2050)」이 되어 상상 속을 날아다니기도 한다. 어쩌면 철없는 일탈로 보이는 이러한 행위는 다른 관점에서 보면 알을 깨고 더 넓은 세계로 날아오르는 새의 초월적 행위로도 읽힌다.

시인의 시에 자주 등장하는 '달'은 빛과 어둠을 동시에 함유하고 있는 존재라는 점에서 양면적 속성이 강한 대상이다. 그의 또 다른 시 「달과 통신하다」를 읽어보면 시인은 이러한 달과 소통하기 위해서 종종 어두운 창밖을 내다본다. 시인에게 있어서 달은 "낮과 밤의 경계를 창백한 얼굴로 서성거리던 달"이지만 그 달이 "빛의 입자에 실어 보내는 파동"은 "달과 접속한 그대 마음의 울림"으로 읽힌다는 점에서 특별한 의미를 지닌다. 그리하여 달빛은 시인에게 있어서 "구름이 지나가는 소리였다가 낙엽을 태우는 냄새였다가/ 세상일을 다 아는 사람의 얼굴 표정 같은/ 묘한 슬픔을 화면에 주사하는" '편지'로 읽힌다. 이처럼 달은 시인이 사랑하는 당신의 마음의 전언을 읽어내는 매개물이라는 점에서 시인에게 각별한 존재인 것이다.

2. 수학적 상상력과 사랑의 미학

이원희 시인의 시에는 의외로 숫자가 많이 등장한다. 이것은 꼼꼼한 시인의 성격을 반영한 것이겠지만, 한편으로는 과학적인 우주의 이치에 추상적인 사랑을 대입시켜 사랑의 분량이나 근원적 법칙을 확인하고 싶어 하는 시인의 마음이 반영된 것으로 볼 수 있다. 시인에게 있어서 사랑은 매우 가변적이며 불확실한 것인데, 이러한 불확실성이 시인으로 하여금 호기심을 발동하게 만든다. 시인에게 있어서 사랑의 본질을 탐구하는 일은 인생의 본질을 탐구하는 일이다.

서정동 간이역에 고슴도치 생각이 움츠리고 있다
레일을 따라 멀리 두는 눈길과 마주치는
끝의 헛것, 그곳에 이를 이 길

다가올 몇 킬로미터의 상처를 치유할 수 있는 몇 미터의 슬픔
추억에 찔려 아픈 몸의 통각은
발을 내딛기도 전에 끝을 계산한다
끌어당기던 눈빛도 마음을 둥그리던 목소리도
시간은 바싹 말려 가시로 만들었지
몸의 가시는
관심은 간섭으로 간섭은 관습으로 아린자리에 상처를 내는
가까이 할수록 멀어진 거리 멀어질수록 더욱 멀어지는 거리

얼마만큼의 거리여야 할까

X자처럼 교차한 후 다시 멀어지는 길이 아닌
1.435미터 거리만큼 평행하다
소실점을 향해 두 길이 하나 되는 길
너와 닿지 않을 거리를 유지하는 것이 진정 아름답다는
오랜 생각의 바퀴를 굴려 구한 답, 허.기.진.다
콧날 시큰거리는 냉기가 플랫폼을 맴돌자 생각의 깊이를
가로지르는 싸락눈, 바람과 함께 문득 고요해지면
쓸쓸함은 바람 언저리에 서는데

자디잔 슬픔의 자갈 위
가로 받쳐 두 길 이어주는 침목
그 위에 기차의 맥이 철컹 철커덩 뛴다

—「허기진 미학적 거리」 전문

시인은 끊임없이 사랑을 갈망하지만 사랑은 그리 쉽게 포섭되지 않는다. 이러한 어긋남은 시인의 마음속에 상처와 슬픔을 던져주기도 한다. 시인은 서정동 간이역에 뻗어있는 철로를 보면서 철로의 소실점에서 두 철로가 만나리라는 상상을 한다. 그러나 시인은 곧 그것이 '끝의 헛것'임을 알아차린다. 즉 시인에게 있어서 사랑은 평행선으로 달려가서 끝내 만날 수 없는 철로의 헛것과도 같은 것이다. 이러한 생각은 시인으로 하여금 사랑의 길로 발을 내딛기도 전에 끝을 계산하게 한다. 이러한 부정적인 생각이 시인의 몸에 가시를 만든다. '몸의 가시'는 사랑하는 사람에 대한 관심을 간섭으로 만들고 간섭을 관습으로 만들어 서로의 가슴에 상처를 내고 급기야는 "가까이 할수록 멀어진 거리"를 더욱 멀어지게 만들기도 한다.

그리하여 시인은 불확실한 시간 위에서 사랑의 가장 적절한 미학적 거리를 가늠해보게 된다. 철로는 과학적으로 따지면 1.435 미터의 일정한 거리를 유지하며 끝내 만날 수 없는 평행선이지만 사랑의 눈으로 보면 "소실점을 향해 두 길이 하나되는 길"처럼 보이기도 한다. 하지만 이러한 상상은 과학적인 잣대로 보면 한낱 비현실적인 착각에 지나지 않는다는 점에서 시인을 허기지게 만든다. 이러한 사랑에 대한 허기는 시인으로 하여금 새로운 사랑의 기표를 찾아 나서게 한다. 시인의 이러한 노력은 평행선의 두 길을 이어주는 침목의 발견을 통해서 실현된다. 여기서 침목은 두 사람을 이어주는 사랑의 기표이다.

태양은 뜨지 않는다

지구가 내가 돌고 있는 것이다
당신을 향해 23.5° 기울어 돌며
시속 십만칠천백육십 킬로미터로 달려가도
가까워지지 않는 거리
우두커니 선생님 같은 얼굴로 바라만 보고 있다
우수 경칩을 지나온 오늘
따사로운 시선이 닿는 곳마다
땅에 납작 엎드려 겨울을 나던 풀잎들이 일어선다
햇살을 따라 마음 잎을 세워보지만
꽃샘바람 때문만은 아니게 햇살이 춥게 느껴지는 건
좁혀지지 않는 거리 때문일까
춘분도 청명도 그리고 사랑도 지나갈 것이다
산수유도 벚나무도 꽃을 피우다 지나갈 것이다
지나갈 것을 알면서도 이 허무의 궤도를
오늘도 나는 돌고 있다

—「허무의 운행」 전문

이 시집의 곳곳에서 드러나 있는 시인의 수학적인 상상력은 넓게 보면 과학적 상상력이나 우주적 상상력과 맞닿아있다. 시인이 사랑을 있는 그대로의 추상적인 사랑으로 보지 않고 과학적이고 우주적인 상상력의 눈으로 바라보고 있는 것은, 시인이 매우 이성적이고 합리적인 성격의 소유자라는 것과 무관하지 않다. 아침에 동쪽에서 떠오르는 태양도 시인의 과학적인 눈으로 보면 태양이 떠오르는 것이 아니라 지구가, 즉 지구 위의 내가 돌고 있는 것이 된다. 따라서 이러한 이성의 눈으로 바라보는 사랑은 "당신을 향해 23.5° 기울여 돌며/ 시속 십만칠천백육십 킬로미터" 즉 지구의 공전 속도로 달려가도 끝내 가까워지지 않는 거리일 뿐이다. 이러한 현실은 시인의 마음에 허무를 낳는다. 시인의 마음은 이른 봄의 햇살도 춥게 느껴지고, 사랑의 계절도 결국은 지나가리라는 허무한 마음으로 귀결된다. 하지만 시인은 이러한 '허무의 궤도'를 선뜻 벗어나지 못하고 오늘도 그 궤도를 돌고 있다. 이것은 시인의 내면에 끝내 채워지지 않는 허기가 존재하기 때문이다.

마음 분자를
10억분의 1로 부수고 부수어
보여드린다면 이 심정 아실까요

우주가 해체되던 날
뇌가 손상되고 만 그날도 비가 내리고 있었지요
깊이 찌르는 그 감당 못할 말에
무뇌아 되어 어둠에 붙박혔어요

생각했어야만 했고 했어야 했던 것들
되짚어보고 되짚어보는 마음 속 위안이란
세상에 입 다물어 상처 딱지처럼
나를 밀봉해 버리는 것
고치 속에 웅크리고 누워
너라는 단 하나의 생각만으로
날이 저물고 또 날이 저물어

고르디우스 매듭처럼 끊어버렸던
그러나 한결같이 되살아나는
보고 싶다는, 마음 저층의 내가 읽힌다는 것

나노 기술은
어긋난 마음 이어줄까요
우주로 이르는 통로 열릴까요
—「나노 기술로 마음을」 전문

사랑의 감정은 마음의 미묘한 흐름이어서 우리의 눈에 가시적으로 측량되지 않는다. 이러한 사랑의 불가시성은 시인의 마음을 답답하게 만든다. 시인은 사랑의 어긋남이 소통불능에 이르게 하는 사랑의 불가시성 때문이라는 생각을 가지고 있다. 돌이켜보면 "우주가 해체되던 날/ 뇌가 손상되고 만 그날"의 충격적인 이별도 서로 소통되지 못한 말의 한계로 인한 상처 때문에 생긴 것이다. 시인은 "깊이 찌르는 그 감당 못할 말"에 대응하는 유일한 방법으로 "세상에 입 다물어 상처 딱지처럼/ 나를 밀봉해버리는"방식을 택하게 된다. 하지만 이러한 방법은 사랑의 상처를 치유해주는 효율적인 방법은 되지 못한다. 한 번의 이별이나 결심으로 쉽게 정리되지 못하는 것이 인간의 사랑이다. 그리하여 시인은 "고치 속에 웅크리고 누워/ 너라는 단 하나의 생각만으로/ 날이 저물고 또 날이 저물어// 고르디우스의 매듭처럼 끊어버렸던" 보고 싶다는 마음이 끊임없이 되살아나는 자신의 마음의 풍경을 읽고 있는 것이다. 이 시의 말미에 보이는 "나노 기술은/ 어긋난 마음 이어줄까요/ 우주로 이르는 통로 열릴까요"라는 시인의 고백은 답답한 시인의 마음을 단적으로 대변해준다.

3. 돌아봄과 기다림, 그 응결의 시간

아무리 혼자 노력을 해도 이루어지지 않던 일이 시간이 지나면서 해결의 실마리를 찾게 되는 경우가 있다. 물이 끓는 일에도 비등점이 있고, 꽃을 피우는데도 개화의 시기가 있고, 불이 붙는데도 발화점이 있다. 인생사도 이와 같아서 사랑에도 그 나름대로의 정점이 존재한다. 시인에 의하면 사랑은 회화나무와 같다. 그의 시 「회화나무」를 보면, "햇살 끌어모아 새순 틔우고/ 빗방울이 숨겨놓은 초록에 푸르러지는 4월/ 앞 다투어 꽃망울 터트리는 소란에"도 "마음 없는 듯 혼자만이 앙상하게 서 있"던 회화나무가 계절의 정점에 이르러서 드디어 입을 틔우고 꽃을 피워 "청량한 청색 그늘"을 드리우는 모습을 보면서, 시인은 모든 삶의 이치에 그 나름대로의 때가 있고 정점이 있음을 깨닫게 된다. 시인의 이러한 깨달음은 인간의 삶이 자연의 이치와 다르지 않다는 믿음에 바탕을 두고 있다.

자연은 때가 되어서야 우리에게 꽃과 열매를 보여주고 낙엽도 보여주고 몸 시린 삭정이도 보여준다. 자연은 스스로 순환하는 삶의 이치를 알기에 조급하지 않다. 시인은 어긋난 사랑으로 인해서 생긴 상처를 치유하는 이치가 자연에 있음을 깨닫는다.

> 떠남은 되돌아올 날개를 가졌으므로, 냇물은 바다로 흐르지 않았다 호수에 머물러 거슬러 오르던 연어, 햇살에 되오던 철새를 추억한다
>
> 그대 머물다 떠난 청명한 자리, 미처 돌아오지 않은 마음에 중심을 옮기고 돌고 돌아, 맴돈다는 것을 잊고 돌아도 다슬기

나선처럼 결코 중심에 다다르지 못할 허튼 시간 속, 담가둔 별빛만 아리다

풍경들 또 다른 계절로 돌아오기 위해 사라진 소한 무렵, 기다림의 언저리쯤 살얼음이 핀다 웅어리 고요히 응결되는 몸속 파문마저 얼음에 갇히자 비로소 뼈를 드러내는 고독, 서슬처럼 사슬이 깊다

자신을 옭아매고 있는 것이 무엇인지 모른 채 잠시 풀린 햇살에 쩡쩡 금을 그어 슬픈 무늬를 만든다 흐린 하늘을 날아가는 흰뺨검둥오리 어디로 가는 것일까 별이 빛나는 소리로 울던 풀벌레들은 어디로 간 것일까 결빙 위에 눈 쌓이는 저녁, 잎을 벗은 상수리나무도 떠나버린 새 둥지를 끌어안고 서 있다

—「응결의 시간」 전문

사계절 중 겨울은 언뜻 죽음의 계절처럼 느껴지지만, 자세히 그 속을 들여다보면 겨울이 또 다른 의미의 회복의 계절임을 알게 된다. 포근한 계절 중에 활발하게 지상의 생명들에게 양분을 공급하던 흙은 겨울이 되어서야 비로소 휴식을 취하게 된다. 일종의 충전의 시간을 갖고 있는 것인데, 이러한 시간은 곰이나 뱀이 겨울잠을 자는 것과도 같다. 따뜻한 계절에 줄기차게 흐르던 물도 겨울이 되면 스스로 제 몸을 가두고 응결의 시간을 갖는다. 시인은 물의 이러한 상태를 "웅어리 고요히 응결되는 몸 속 파문마저 얼음에 갇히자 비로소 뼈를 드러내는 고독, 서슬처럼 사슬이 깊다"고 표현함으로써 물의 마음이 인간의 마음과 다르지 않다는 것을 보여준다.

유태계 종교철학자인 마르틴 부버Martin Buber는 고독이야말로

진정한 정화의 장소임을 말한바 있는데, 시인에게 있어서도 때때로 고독은 새로운 창조와 새로운 출발을 위한 삶의 에너지가 되기도 한다. 하지만 이러한 응결의 시간이 시인에게 있어서 상처를 깨끗이 치유하는 시간이 되지는 못한다. 시인은 "그대 머물다 떠난 청명한 자리, 미처 돌아오지 않은 마음에 중심을 옮기고 돌고 돌아, 맴돈다는 것을 잊고 돌아도 다슬기 나선처럼 결코 중심에 다다르지 못"하리라는 것을 알고 있다. 그리하여 시인은 지금도 그의 곁에 머물다 떠난 사람만 생각하면 차디찬 호수에 '담가둔 별빛"처럼 마음이 여전히 아리다.

허공의 입구에 실마리를 걸어놓는다
햇살과 구름기둥에 일곱 줄을 매어놓고
프리즘으로 실어 보내는 저 정령
실낱같은 단서를 통해 풀리는 오해같은
신산한 의미를 걸어두고 있다

42° 혹은 51° 빛의 굴절 그리고 반사
물방울 생의 저 안
어김없이 만나던 애愛와 증憎, 희비喜悲의 모퉁이마다
허리 꺾어야 했던 고비의 길들
세상 모든 것들은 제 안의 길을 굽혀야 무지개 뜨는 걸까
몸 틀은 등나무 보라꽃이 비에 젖어 새롭다

비는 컴컴했던 오후를 쓸어 우산 속에 접히고
구름 틈에 끼었던 햇살이 눈부시다
살아간다는 것은 한 가지 색이 아닌
다양한 빛의 혼융임을 얼핏 보여주는

저 햇살 속에 숨어있는 빨주노초파남보

젖은 몸 말리고 돌아오는 해거름녘
길모퉁이 볼록거울
몸 구부려 저쪽 길을 비추고 있다
—「신산한 각도 42°」 전문

비가 온 후 하늘에 아름다운 색의 사다리를 놓는 무지개는 우리에게 황홀한 모습을 보여주지만, 무지개가 생기는 과학적인 이치를 살펴보면 물방울들이 스스로 제 몸을 굴절시켜야 되는 신산한 각도가 존재한다는 사실을 알게 된다. 시인은 이러한 무지개의 모습을 허공의 입구에 삶의 '실마리'를 걸어놓은 것으로 해석한다. 무지개가 우리의 눈에 들어오기 전에 물방울 속에서 굴절되는 각도는 42°이고 쌍무지개의 각도는 51°라고 한다. 시인은 이러한 무지개의 숨은 비밀을 찾아내어 자신의 삶에서 "어김없이 만나던 애愛와 증憎, 희비喜悲의 모퉁이마다/ 허리 꺾어야 했던 고비의 길들"을 반추해본다. 시인은 "세상의 모든 것들은 제 안의 길을 굽혀야 무지개 뜨는 걸까"라는 자신을 향한 물음을 통해서, "살아간다는 것은 한 가지 색이 아닌/ 다양한 빛의 혼융임을" 아울러 깨닫게 된다. 자신의 신산했던 삶에 대한 이러한 성찰은 무지개처럼 자신의 몸을 꺾는 고통을 견딘 자에게만 주어지는 삶의 지혜이다. 이원희 시인은 자신을 돌아보는 일과 기다리는 일이야말로 새로운 생명에 이르는 진정한 '응결의 시간'임을 알고 있다.

따듯한 에너지 넣으실래요 은사시나무에 내리는 햇살 같은 미소의 둥근 맛, 바람의 민첩한 관심, 꿀의 달콤한 끈적임, 달빛의 짙은 농도, 풀의 흔들림에도 떠오르는 얼굴, 비에 감전된 목소리, 분절된 소망, 서녘노을에 얹히는 눈물

이 땅의 온갖 언표들, 깊이 끌어안은 상처도 함께 버무려 발효시킨 영혼을 움직이는 에너지, 넣으실래요

마주칠 때마다 마음 밑바닥에 돋는 노란 기운은, 작은 기포로 한 방울 한 방울 떠올라 우주를 통과하는 몇 번의 눈빛에 기류 뒤섞이고, 서로의 가슴을 산비둘기 울음으로 건너다니다 끝내 소리를 내지르며 끓는, 거센 폭풍우였다가 나비 날개짓의 미풍으로 왼쪽 가슴을 펌프질하는 에너지, 넣으실래요

심장엔진의 리듬을 따라 가득 퍼진 몸 안 욕망은, 방사능의 힘으로 핵화되어 모터를 가동, 끊임없이 자기복제하며 세상을 지속적으로 움직이는 다솜 가솔린

보라, 별을 달고 논둑을 날아다니는 반딧불이, 짝을 짓는 울음이 밤을 덮는 맹꽁이 개구리들, 햇살을 끌어당기는 공정단계의 생강나무 노란 심장소리

몇 리터 넣어드릴까요

—「몇 리터 넣어드릴까요」 전문

겨울이 시인에게 있어서 새로운 계절을 준비하는 '응결의 시간'이라면 봄은 새로운 사랑을 시작하는 '생명의 시간'이라고 말할 수 있다. 인간은 한 때의 사랑의 좌절로 인해서 꿈을 포기하기도 하지만 자연은 봄이 되면 어김없이 새로운 사랑을 시작한다. 시인은 자연 속에 편재해있는 사랑의 에너지를 인간의

삶에 대비시켜 "미소의 둥근 맛, 바람의 민첩한 관심, 꿀의 달콤한 끈적임, 달빛의 짙은 농도, 풀의 흔들림에도 떠오르는 얼굴, 비에 감전된 목소리, 분절된 소망, 서녘노을에 얹히는 눈물"같은 사랑의 세목들을 반추해낸다. 이러한 세목들은 시인에게 있어서 "이 땅의 온갖 언표들, 깊이 끌어안은 상처도 함께 버무려 발효시킨 영혼을 움직이는 에너지", 즉 사랑의 에너지인 것이다. 이러한 사랑의 에너지야말로 사랑에 상처 받은 시인의 마음을 회복시켜주는 진정한 에너지가 될 수 있다. 시인의 눈에 비친 "별을 달고 논둑을 날아다니는 반딧불이, 짝을 짓는 울음이 밤을 덮는 맹꽁이 개구리들, 햇살을 끌어당기는 공정단계의 생강나무 노란 심장소리" 등은 모두 이러한 사랑의 언표들인 것이다. 그리하여 시인은 그동안 자신의 상처 속에 가려져 있던 "애타며 불타며 에너지가 들끓는"(「연료 연구」) 열정을 새로이 회복할 수 있다는 희망을 갖게 되는 것이다.

> 풀을 뽑는다 몸을 툭 끊어 내는 풀
> 풀은 도마뱀 꼬리를 자르 듯 도망간다
> 끊어낼지언정 뿌리째 뽑히지 않으려
> 땅을 움켜쥐고 한 몸인 듯 놓지 않는 뿌리
> 당기는 힘에 맞서던
> 버텨내려는 의지와 버려야 한다는 결단의
> 벼랑 끝에서 일거에 몸을 끊어버리는,
> 고뇌의 질량이 가벼워진 그 순간
> 풀은 비로소 풀이 된다
> —「도마뱀풀」 부분

풀은 우리 주변에서 흔히 볼 수 있는 존재이지만, 풀의 생태

나 내면을 들여다보는 일은 흔한 것이 아니다. 김수영이 그의 시 「풀」에서 바람보다 먼저 눕지만 바람보다 먼저 일어나는 풀의 주체적인 생명력을 노래한바 있듯이, 풀은 우리 시학에서 끈질긴 생명성을 지닌 존재로 부각되어 있다. 그런데 시인은 위의 시에서 세상의 완력적인 힘 앞에 자신의 몸을 "도마뱀 꼬리 자르듯" 잘라내는 풀의 지혜에 주목하고 있다. 손의 완강한 힘에 맞서서 뽑히지 않고 '버텨내려는 의지'가 이 땅의 삶에 대한 집착의 산물이라면, 일거에 자신의 몸을 끊어버리는 '버려야 한다는 결단'은 세상의 모든 욕망의 사슬에서 벗어나 진정한 자유를 얻는 무욕의 경지라고 말할 수 있다. 시인의 눈에는 철사처럼 질기게 완강한 힘에 저항하는 풀보다는 자신의 몸을 세상의 집착의 손으로부터 분리해 선뜻 끊어내는 풀이 진정한 풀의 모습에 가깝게 느껴지는 것이다.

이상에서 살펴본 바와 같이 세상에서 상처 입은 시인의 마음을 치유해주는 것은 자연의 '푸른 음악' 즉 '녹음'이다.(「푸른 음악」) 그것은 사랑 혹은 시라는 이름의 아프락사스를 향하여 날아가던 새가 지친 날개를 접고 쉴 수 있는 진정한 안식의 공간이다. 이원희의 시는 인간에게서 입은 상처를 자연에서 위로받고 치유 받는다는 점에서 친자연적이다. 그의 내면에는 온갖 자연의 숫자들로 가득 차있다. 그 숫자들은 시인으로 하여금 자연의 법칙이 어디에 존재하는지를 깨닫게 해준다. 이 시집을 관통하는 핵심적인 화두는 '사랑'이다. 그에게 있어서 '사랑'은 시인의 존재 자체이면서 동시에 시이다. 헤르만 헤세의 말을 빌려 이원희의 시세계를 패러디하자면, 그의 "시는 그에게서 나오려고 애쓴다. 시는 그의 세계이다. 태어나려는 시는 한 세계를 깨뜨리지 않으면 안 된다. 시는 신을 향하여 날아간다. 그 신의 이름은 사랑이다".

이원희

이원희 시인은 서울에서 태어나 동국대학교 전자계산학과를 졸업했다. 2001년『문학과 의식』으로 등단했으며, 시집으로『사랑, 그 침묵』이 있다. 현재 경기도 평택에서 '시민정보화교육' 강사로, 안중도서관 '문예창작반'에서 문학을 나누고 있다.
이원희 시인의 두 번째 시집은『달과 통신하다』에서의 '달'은 빛과 어둠을 동시에 함유하고 있는 존재라는 점에서 양면적 속성이 강한 대상이다. 시인에게 있어서 달은 "낮과 밤의 경계를 창백한 얼굴로 서성거리던 달"이지만 그 달이 "빛의 입자에 실어 보내는 파동"은 "달과 접속한 그대 마음의 울림"으로 읽힌다는 점에서 특별한 의미를 지닌다. 그리하여 달빛은 시인에게 있어서 "구름이 지나가는 소리였다가 낙엽을 태우는 냄새였다가/ 세상일을 다 아는 사람의 얼굴 표정 같은/ 묘한 슬픔을 화면에 주사하는" '편지'로 읽힌다. 이처럼 달은 시인이 사랑하는 당신의 마음의 전언을 읽어내는 매개물이라는 점에서 시인에게 각별한 존재인 것이다.

이메일 : leewonhee99@daum.net

이원희 시집

달과 통신하다

발　　행 2015년 11월 18일

지 은 이 이원희
펴 낸 이 반송림
편집디자인 김지호
펴 낸 곳 도서출판 지혜
계간시전문지 애지
기획위원 반경환 이형권 황정산
주　　소 34624 대전광역시 동구 선화로 203-1 2층 도서출판 지혜 (삼성동)
전　　화 042-625-1140
팩　　스 042-627-1140

전자우편 ejisarang@hanmail.net
애지카페 cafe.daum.net/ejiliterature

ISBN : 979-11-5728-164-0 03810
값 9,000원